日本の偉人100人

上

寺子屋モデル

致知出版社

はじめに

十五年に及ぶ海外勤務を終えて帰国した私の目に飛び込んできたのは、日本の子供たちのつまらなさそうな表情です。それは様々な国で見かけたどの子と比べても、自信無げで極端に冴《さ》えません。何か決定的に足りないものがあるに違いないと直感したのは今から二十年近く前でした。

やがて公教育の実態や親子間の有り様《よう》などを見聞し、日本の子供たちの自己肯定感・自尊感情が世界中で最も低いと知るに至って、将来の日本をこの子供たちに託《たく》し得るのかと危機感を募《つの》らせ、大人向け、子供向けに偉人伝を語るという寺子屋講演事業を立ち上げました。

今から半世紀余り前、私たち「団塊《だんかい》の世代」が幼かった頃には、多くの家に偉人伝が数冊はありました。それがいつの間にか家庭から消え、学校でも取り上げられないまま今日を迎えています。偉人伝を失った子供たちは、生き方のお手本を探せなくなりました。

否《いな》、親たちも同様で、自分自身の肖《あやか》りたい偉人を持つことができず、従って親自身が子供のお手本になれないという深刻な事態を招いてしまったのです。

これまで幼稚園・保育園や、企業・神社・公民館などで開催した「寺子屋」で語った人物を集めて、二年前に『一〇〇人の偉人』という小冊子を作りました。取り上げたのは有名無名を問わず「お手本となる人」です。致知出版社の藤尾秀昭社長が当社に立ち寄り、この冊子に目を止めてくださったことから本書の出版に至りました。

本書の上下巻に掲載した百人すべてを新たに書き下ろしましたが、編著者二人だけでは時宜《じぎ》を得た刊行に間に合いそうもなく、巻末に記載した四十三名の執筆協力者に依頼して、それぞれ得意の人物を執筆してもらいました。

協力者の多くは学生時代から切磋琢磨《せっさたくま》してきた同学の友人で、実業・医師・教師など各界で活躍する方々ですが、所謂《いわゆる》専門の学者はほとんど含まれていません。しかしそのことが本書の価値を損《そこ》なっているとは考えません。

元来《がんらい》偉人伝は、両親や祖父母から口伝えに次の世代へと語られたもので、偉人を語る人自身の感動が聞く者の心を揺《ゆ》さぶるところが醍醐味《だいごみ》なのです。

ブラジル移民二世の村崎道徳《むらさきみちのり》さんはこう語ります。

「昭和五年に父母がブラジルに渡りました。親たちは昔の日本を守った楠木正成《くすのきまさしげ》や新田義《にったよし》貞《さだ》といった偉い人たちの生い立ちから業績を、自生のパパイヤの木の下で、読本を広げて丁寧《ていねい》に説明してくれました。母は産婆《さんば》で、十キロも離れた妊産婦《にんさんぷ》のところに通い、その行き帰りに明治の日本を支えた西郷《さいごう》さんとか勝海舟《かつかいしゅう》を語ってくれました。日本語の中に、日本の心があるということがわかった、それが一番大きなことですね」と。

昔からずっと続けられた営みに倣《なら》って、本書各執筆協力者の偉人に寄せる思いが、読者へとしっかり届くことを念じております。

目次をご覧いただく通り、現代に近い人物から時代を遡《さかのぼ》るように配列しています。より身近に親しみを覚えつつ、長い日本の歴史を辿《たど》ってほしいと願ったためです。

また「昭和二十年の敗戦」や「黒船来寇《らいこう》」などは登場する幾人《いくにん》もの人生と関わっており、困難な時代が多くの偉人を生むことを実感なさるかもしれません。勿論《もちろん》、目次の並びにこだわらず、時代を越えて興味ある人物から読み始めて、あなたの「お手本」に出会ってください。

日本の偉人を百人に限定すること自体至難《しなん》の技でしたが、自分のことよりも誰かのため、世のため、国のために生きようとした人ばかりです。そして何より、日本の国柄《くにがら》を大切にした人々を選びました。

『日本の偉人100人』が各家庭に一セット置かれて親子で偉人について語り合う、そんな光景を思い浮かべつつ、本書を世に送ります。

寺子屋モデル代表　山口秀範

日本の偉人１００人　上巻／目次

第二章　明治を開く

〈下巻目次〉

装　幀——川上成夫
編集協力——柏木孝之

【凡　例】

○本篇に取り上げた人物の配列順序は、概《おおむ》ね本文に描いた事跡《じせき》の年代に従って、現代に近い方から時代を遡《さかのぼ》っている。

○昭和二十年（一九四五）までの文献の多くは歴史的仮名遣《かなづか》いを用いた。その際、読みにくいと思われる漢字と歴史的仮名遣いの横には現代仮名遣いをルビのように付けた。（例：伝へ《え》候《そうろう》）但《ただ》し、短歌・俳句については、すべて歴史的仮名遣いを用いた。尚《なお》、短歌は読みやすくするため、句毎に区切った。

○年表示は日本の年号（元号）を用いたが、一つの年号には最初のみ西暦を付した。

○各偉人タイトルの下に生歿年《せいぼつねん》（西暦表示）と出生地（現在の都道府県名）を添えた。但し、天皇、皇族、神話の神々と出生地不詳の偉人については、空欄《くうらん》とした。

○本文中の生歿年は元号表示して西暦を丸括弧《まるかっこ》書きしたが、旧暦の関係でずれが生じる場合は二年分表記とした。例えば、東郷平八郎の生年、弘化四年は一般に一八四七年と換算《かんさん》されるが、十二月生まれのため実際は一八四八年に当たる。よって本文では弘化四年（一八四七、八）と表記してある。

○難解と思われる言葉は、すぐ下に丸括弧で意味を付した。

○参考文献は主なものを挙げた。

第一章

昭和に生きる

昭和を代表する日本画家

1 東山魁夷

ひがしやま・かいい／一九〇八～一九九九／神奈川県生まれ

◇これをなぜ描かなかったのだろう

風景画を中心に多くの作品を残した日本画家の東山魁夷は、平成十一年（一九九九）に九十一歳の天寿《てんじゅ》を全《まっと》うしましたが、今も日本人に最も愛されている画家の一人といっていいでしょう。

東山は青年時代に画家になろうと志しましたが、必ずしも強い意志を抱いての積極的な進路の選択ではありませんでした。

東山は、明治四十一年（一九〇八）、横浜に生まれました。本名は新吉《しんきち》。父親の商売の関係で神戸で育ちましたが、両親の間の愛憎問題もあって心の中にはいつも暗闇を抱えていました。

東山少年は次第に大自然の中に身を置くことで安息《あんそく》を覚え、「私の心の回帰するところに、唱歌《しょうか》『山は青きふるさと　水は清きふるさと』（故郷）の歌詞が浮かんで来た」と言っています。このような内向的な心を満たすべく、絵が好きだった東山はやがて画家への道を歩み出していくことになるのです。

　現在の東京芸術大学を卒業した東山はドイツに留学しました。西洋の美術に圧倒されながらも、一方で日本の美への思いを強くしていき、日本人としての自覚を失うことはありませんでした。

　帰国後、東山は貧困の中で懸命に絵を描きましたが、一向に世に認められませんでした。家庭的にも、兄の死に続き、事業に失敗した父が失意のうちに世を去るという不幸に見舞われました。

　悲しみを抱えた東山は、大東亜戦争末期の昭和二十年（一九四五）七月、熊本で入営《にゅうえい》（兵士となるために兵営に入ること）します。絵を描くことを断念し死をも意識したこの時期、東山はある景色と出合い、強い衝撃を受けます。それは、行軍《こうぐん》（軍隊が、ある地から他の地へ行進すること）で赴《おもむ》いた熊本城の天守閣《てんしゅかく》から見た景色でした。

「熊本城からの眺《なが》めは（中略）雄大な風景ではあるが、いつも旅をしていた私には、特に珍しい眺めというわけではない。なぜ、今日、私は涙が落ちそうになるほど感動したのだろう。なぜ、あんなにも空が遠く澄《す》んで、連なる山並みが落ちついた威厳《いげん》に充《み》ち、平野の緑は生き生きと輝き、森の樹々《きぎ》が充実した、たたずまいを示したのだろう。今まで旅から旅をしてきたのに、こんなにも美しい風景を見たであろうか。おそらく、平凡な風景として見過ごしてきたのにちがいない。これをなぜ描かなかったのだろうか。いまはもう絵を描くという望みはおろか、生きる希望も無くなったと云《い》うのに（中略）歓喜と悔恨《かいこん》がこみ上げてきた」

帰りの駆け足での行軍中、東山は酔《よ》ったような気持ちでこう考えました。

「あの風景が輝いて見えたのは、私に絵を描く望みも、生きる望みも無くなったからである。私の心が、この上もなく純粋になっていたからである。死を身近に、はっきりと意識するときに、生《せい》の姿が強く心に映ったのにちがいない」

すべてをなくした絶望の中で、自然の一《ひと》コマ一コマが今までになく生命《いのち》に輝き、こよなく美しいと、東山には感じられたのでした。このときこそが、東山の風景への開眼《かいがん》であったのです。

◇自然の中に見て取った深い精神性

祖国は戦いに敗れ、東山にはさらに不幸が重なりました。最愛の母を、そして弟までを失い、日展《にってん》（総合美術展覧会）第一回にも入選できなかったのです。時に東山は三十八歳。もうこれ以上落ちるところがないというどん底にあった東山でしたが、一方では、自分の中に遅蒔《おそま》きの「成熟」を感じ取っていたのです。

やがて、この「成熟」は、二つの作品を生み出します。千葉県鹿野山《かのうざん》から眺める夕暮の山並を描き日展で特選となった『残照』（昭和二十二年）と、青森県種差《たねさし》海岸の実景の「道」と心象（イメージ）の「みち」を重ね合わせた『道』（昭和二十五年）です。この二作品は大きな反響と人々の共感を得、東山はついに世に認められるに至ったのでした。

東山の作品は、私たちが日常出合うありふれた普通の風景でありながら、どれもきわめて象徴的で、見る者に永遠を感じさせます。それは、鑑賞する人々の心の内にあるものが景色を通して描き出されているからなのかもしれません。

両陛下のお住まいである吹上御所《ふきあげごしょ》の『萬緑新《ばんりょくあらた》』や新宮殿《しんきゅうでん》の『朝明けの潮《うしお》』を描き、奈良の唐招提寺障壁画《とうしょうだいじしょうへきが》の『山雲濤声《さんうんとうせい》』には十年の歳月をかけました。いずれも歴史的作品というにふさわしいものです。

どう生きるべきか、と人生において思いわずらうことも多い私たちに、東山が教えてくれるのは、まず自らの運命を受け入れるところから道は始まるのだということではないでしょうか。東山は自然の中に深い精神性を見て取る求道者《ぐどうしゃ》であったのでしょう。

【偉人をしのぶ言葉】

「美についてでは、高速な、深刻な、鋭敏な言葉が多くの人々によって語られている。私のこの平凡な、物憂《ものう》い独白《どくはく》を聞いてくれる人は少ないかもしれない。無言の風景との対話の中に、静かに自己の存在をたしかめながら、こつこつと歩いてゆくという生き方は、すべてが複雑で高速度の時代の歩みからは外れているかもしれない。しかし、美を素朴《そぼく》な生の感動として見る単純な心を、私は失いたくない」

（東山魁夷著『風景との対話』）

〈参考文献〉

東山魁夷著『わが遍歴の山河』新潮社／同『日本の美を求めて』講談社／同『唐招提寺への道』新潮社

「お客のために」を貫いた機械いじりの天才

②本田宗一郎

ほんだ・そういちろう／一九〇六～一九九一／静岡県生まれ

◇「機械好き」の一念

敗戦後の日本の自動車産業をゼロから立ち上げ、フィットやアコードでおなじみの本田技研を、世界有数の乗用車メーカーに育て上げたのが創業者の本田宗一郎です。

ごく小さい頃から機械好きだった宗一郎は、後年「精米所でドンスカと米を搗《つ》いている発動機も好きだったし、製材所でギンギンおがくずをはねとばしているノコギリも好きだった。機械が動いている姿さえ見ていれば、時のたつのを忘れる子供だった」と、楽しそうに回顧《かいこ》しています。

明治三十九年（一九〇六）、現在の天竜市で鍛冶《かじ》屋の長男に生まれた宗一郎は、小学校二年のとき、実家から二十キロほど離れた浜松歩兵連隊で開かれた航空ショーを、親に内緒で学校をさぼって見にいきました。観覧料が払えず場外の松の木に登って、憧《あこが》れの飛行機の姿を追いました。村を通過する自動車の出現にも魅了《みりょう》されて、自転車でその後を追い歓《かん》喜《き》にとらわれたといいます。「こぼれたオイルを手のひらになすりつけながら、大きくなったらきっと自分の手で自動車をつくり、思いきり自由に動かしてやろうという願望をもった」。これが宗一郎の初一念《しょいちねん》でした。

このような少年時代を過ごした宗一郎は、小学校高等科を卒業後、東京の「アート商会」（自動車修理工場）に徒弟《とてい》として就職し、人生のスタートを切りました。二十二歳で浜松に帰郷して「アート商会」の支店を開設しましたが、自動車の修理では次第に物足りなくなり、湧《わ》き出るようなアイデアの赴《おもむ》くままに「新しい機械の創造＝ものづくり」への道をひた走ることになります。

◇徹底した公私のけじめ

やがて昭和二十三年（一九四八）、四十歳のときに本田技研を設立して二輪車の組み立てを開始しました。当時の社員数は二十名ほどです。常に高品質、高性能の車づくりを追求し、独自の技術開発によって他の追随《ついずい》を許さぬ業績を上げ続けます。そして、戦後の自動車産業育成という国の行政に呼応しつつ、二輪、四輪の組み立てからエンジンの自社生産、さらに独自の販売網《もう》の確立という偉業を成し遂《と》げたのです。

宗一郎が社長を引退した昭和四十八年、本田技研は二十五年の間に社員数一万八千五百人、連結売上五千億円の大企業に成長していました。このとき一緒に副社長を退いた藤沢《ふじさわ》武夫《たけお》とは創業以来の盟友《めいゆう》で、共に明日へのロマンを語りつつ「世界のホンダ」を築き上げたのでした。技術革新に没頭《ぼっとう》する宗一郎は、経理と販売を藤沢に任せっきりで、遂《つい》に一度も社長印に触《さわ》ることがなかったといいます。

役員であった実弟を途中で退任させ、長男には入社すら許さぬという徹底した公私のけじめを貫き、四十五歳の河島喜好を後継社長に指名した見事な引き際《ぎわ》は、「さわやか退陣」と当時の話題をさらったものです。

◇ホンダを支える「三つの喜び」

宗一郎のこの成功を支えた要因には数多くのものがあります。その中でも第一は母親の影響です。幼少年時代を通じて鍛冶屋であった父親の姿を見続け、ものづくりの原点は父親ゆずりのものでしたが、宗一郎自身は「母の四つの教え」を大切にしていたのです。「嘘《うそ》をつくな、時間を守れ、約束を守れ、他人に迷惑をかけるな」、この四つは生涯を通じて生活信条の土台となりました。

第二には、創業三年目（昭和二十六年）に発表された「吾《わ》が社のモットーとしての『三つの喜び』」があげられます。その一つ目は技術者にのみ与えられた「造る喜び」であり、技術者が造り出した製品が社会に貢献し、歓迎されたときの無上の喜びをいうのです。二つ目は「売る喜び」です。良くて安い品は必ず迎えられる。よく売れれば利潤《りじゅん》も増え、その品を扱《あつか》う誇りも喜びも生まれる。売る人に喜ばれない製品をつくるのはメーカーとして失格である、というのです。

三つ目「買って喜ぶ」です。すなわち、製品に最後の審判《しんぱん》を与える購買者が「ああ、この品を買ってよかった」という喜びこそが製品の「価値を獲得した栄冠《えいかん》」であるといいます。特に購買者の喜びに重点を置く考え方は現代の企業経営が重視しているCSR（企業の社会的責任）の思想を半世紀も前に、宗一郎が気づいて実践していたといえるでしょう。現在に至っても企業の不祥事が後を絶たず、次々と市場から淘汰《とうた》されていますが、「ものづくり」の現場に立ちながら常に「お客のために」の視点を持ち続けなければ企業は永続しないものなのです。

ホンダの工場、研究所では、全員が真っ白な制服を着ています。案内の係員は「人の命にかかわる職業は白い制服が多い。医者にしても料理人にしてもそうでしょう」と説明するそうですが、宗一郎自身は「社員の間では階級をつけない。全部同じ白の作業着、社長も含めて全員が社員」と述べています。

肩書と人間の価値とは全《まった》く関係なく、「人の偉さはいかに世の中に奉仕したか」によって決まるという宗一郎の信念は会社の隅々《すみずみ》にまで行き渡っているのです。

【偉人をしのぶ言葉】

「よく『本田宗一郎は、大風呂敷《おおぶろしき》を広げてものを言う人間だ』と陰口《かげぐち》をささやかれていましたが、時がたつと主人の言葉どおりのことがやってきましたので、私は内心驚き、本当に不思議だと思ったものです。

人に教えられたのではなく、自分自身の長年の体験、積み重ねてきた思考、それに培《つちか》われたカンが血肉化して、見えてくるものがあったのではないかと思います」

（わが良人《おっと》・宗一郎のプロフィール　本田さち『私の手が語る』）

〈参考文献〉

本田宗一郎著『私の手が語る―思想　技術　生き方』グラフ社／同『得手に帆あげて』三笠書房／「語り継ぎたいこと」総集編　本田技研工業

沖縄返還交渉の密使

3 若泉 敬

わかいずみ・けい／一九三〇〜一九九六／福井県生まれ

◇スパイ映画さながらの難交渉

昭和五年（一九三〇）、福井県の片田舎（現在の越前市横住町）に篤農家《とくのうか》（熱心で研究的な農業家）の長男として生を享《う》けた若泉敬は、福井師範《しはん》学校（現在の福井大学）の二年生で敗戦を迎えました。

当時の心境をのちに「敗戦を十五歳の時に郷里《きょうり》の草深い山村で迎えた私は、その時受けたあまりにも深刻な衝撃波《しょうげきは》を契機《けいき》として、我が志を立てた」と記していますが、同世代の多くの少年たちと同様、祖国を心から愛し皇室尊崇《こうしつそんすう》の念が強かった敬にとっても、〝神風〟が吹かず〝神国日本〟が敗れた現実はなかなか受け入れられるものではありませんでした。

やがてその衝撃波をばねに「広く世界に目を拓《ひら》こうと希《ねが》って、まず東京に出て学び、爾《じ》来《らい》（それ以後）今日まで国際政治の一学徒の途《みち》を歩んできた」と自認するとおりの人生を切り拓くことになりますが、敬の志は郷土の先人、橋本左内《はしもとさない》の『啓発録《けいはつろく》』に触発《しょくはつ》されたものでした。

上京し、やがて東京大学法学部で学ぶうちに、学生研究会「土曜会」のメンバーとなり、暴力的な革命を目指す学生運動に抗《こう》し、体制内での改革による真の独立国家建設という目標を掲げて、言論活動に励みます。

そして東大卒業後は、ロンドン大学への留学やアメリカのボルティモアにあるジョンズ・ホプキンズ大学での研究なども含めて国際政治学者としての業績を上げ、同時に内外の政治家、学者との広範《こうはん》な人脈を築いていきました。

昭和四十年八月、沖縄を訪れた佐藤栄作《さとうえいさく》首相は「沖縄の祖国復帰が実現しない限り、わが国にとって戦後が終わっていない」と語り、アメリカに返還を求めていく方針を明言します。

しかし大東亜戦争末期の沖縄攻防戦では、アメリカ兵の側にも多くの血が流された上で占領《せんりょう》が確定したことに加え、当時アメリカ軍は北ベトナムへの爆撃を続けており、沖縄はその戦略基地と位置付けられていました。歴史的にもほとんど前例のない、被占領地の一方的返還を求めての日米交渉は難航が予想されました。

この状況下、正規の外交ルートとは別に〝首相の密使《みっし》〟として、白羽《しらは》の矢を立てられたのが若泉敬です。

その覚悟を敬は「この一九六七年九月二十九日で私の第一の人生は終り、第二の人生が始まったようなものであった。なぜなら、一方で今までどおりの研究生活、家族生活を続けながら、他方では同僚にも友人にもそして家族にすら察知されてはならない、隠密で孤独な舞台裏での闘いが始まったからである」と述懐《じゅっかい》しています。

学会出席を隠れ蓑《みの》に訪米して、ジョンソン大統領、キッシンジャー補佐官等との秘密交渉を重ねたり、佐藤首相との密談後には仮病を使って自宅に籠《こも》り、暗号を用いた国際電話で交信し合ったりと、スパイ映画さながらの緊張と重圧の中で日米双方からの信頼を勝ち得て、この難交渉をまとめ上げました。

◇なぜ密約の公表に踏み切ったのか

昭和四十四年の佐藤・ニクソン会談の共同声明で「核抜き、本土並み返還」が確認され、四十七年に沖縄は正式に日本に復帰を遂《と》げました。しかしその裏に「緊急時には日米の事前協議により、核兵器を沖縄に再び持ち込むこと、及び沖縄を通過する権利」をアメリカが保有する旨《むね》の「密約」があったことを、敬は平成六年（一九九四）になって自著『他策ナカリシヲ信ゼムト欲ス』の中で告白したのです。

これほどの国家機密を、敬はなぜあえて公表したのでしょう。

一つには、沖縄県民に対する謝罪、やむを得ぬ外交交渉とはいえ本土とは違う代償《だいしょう》を沖縄に押しつけた責任感からと考えられます。

もう一つは、この本の刊行の重大性によって国会への参考人招致《しょうち》などを予想し、そこで持論である「毅然《きぜん》とした自主独立の日本再生」を訴《うった》えようと目論《もくろ》んだのかもしれません。しかし敬の著書は沖縄では大きな反響を呼んだものの、歴代政権は「密約」自体を否定し続けて日本再生への期待は不発に終わりました。

この頃膵臓癌《すいぞうがん》を告知された敬は、六月の沖縄慰霊の日に現地に参拝し、平成八年七月に最後の仕事となる、『他策ナカリシヲ信ゼムト欲ス』英訳版刊行の契約を終え、「これでもう思い残すことはない」と言って六十六年の生涯を閉じました。一説では薬物による自裁《じさい》（自殺）とも報じられています。

【偉人をしのぶ言葉】

「その位にあらずともその事を行ひ《い》自家の米塩を憂《うれ》えずして国家の経綸《けいりん》に志すものは浪人《ろうにん》なり　即《すなわ》ち浪人は政府又《また》は人民より頼まるる非《あら》ず又一銭半銭の報を得るに非ずして天下の事に当る」

（『他策ナカリシヲ信ゼムト欲ス』英訳版序文原稿中の写真版自筆より）

〈参考文献〉

若泉敬著『他策ナカリシヲ信ゼムト欲ス―核密約の真実』文芸春秋／『他策ナカリシヲ信ゼムト欲ス』（英訳版序文原稿）／後藤乾一著『沖縄核密約を背負って　若泉敬の生涯』岩波書店／森田吉彦著『評伝　若泉敬―愛国の密使』文春新書

法隆寺宮大工の棟梁

4 西岡常一

にしおか・つねかず／一九〇八～一九九五／奈良県生まれ

◇木は二度生きる

「法隆寺《ほうりゅうじ》には鬼がいる」と、恐れられた人物がいます。二十年間に及ぶ法隆寺の昭和大修理を棟梁《とうりょう》として陣頭指揮をし続けた宮大工《みやだいく》、西岡常一がその人です。

宮大工とは、文化財の指定を受けた神社仏閣の補修保存や、伝統的技法による木造建築に携《たずさ》わる職人のことです。

明治四十一年（一九〇八）、奈良の斑鳩《いかるが》に生まれた西岡常一は、法隆寺大工の棟梁であった祖父常吉《つねきち》の仕事ぶりを見ながら育ちました。ところが、祖父は常一を宮大工への道ではなく、生駒《いこま》農業学校に進ませました。常一はこの学校で土壌《どじょう》について学びます。大工とは一見関わりのない分野ですが、これを学んだおかげでヒノキを育む山と土の大切さに気づく大きなきっかけとなりました。

法隆寺の昭和大修理に取り組んだ当時、常一は工法や手順、古代建物に向かう姿勢などで学者や役人たちとたびたび対立しました。しかしそのつど、常一が次のように断言すると、皆《みな》論争を収めざるを得なかったそうです。「飛鳥《あすか》時代には学者はおりません。大工がみんなやったんやないか。その大工の伝統をわれわれがふまえているのだから、われわれのやってることは間違いないと思ってください」

現存する世界最古の木造建築物である法隆寺五重塔《ごじゅうのとう》には、樹齢《じゅれい》千三百年のヒノキが使われているといいます。その木材が切り出されて五重塔の柱や梁《はり》として第二の生の場所を得てから、すでに千三百年以上の風雪を経ています。

これを常一は「木は二度生きる」といい、したがって「宮大工の良心に誓って、そのいのちを殺すようなことはしない」といい切ります。物のいのちに対する敬虔《けいけん》さが、時代を超えて宮大工の仕事を支えてきたのです。

◇秘伝「人の心組《こころぐ》み」とは

法隆寺の宮大工棟梁の心構えは、師匠から弟子へ口づての秘伝とされてきました。これを「口伝《くでん》」といいます。

常一はこの口伝を祖父から継承しましたが、その中には「堂塔《どうとう》（大きな御堂《みどう》や塔）の建立《こんりゅう》の用材は木を買わず山を買え」とあり、山の環境を見究《みきわ》めて一つの山で育った木で一つの建物をつくる原則が謳《うた》われています。

また、職人たちの心構えを教える言葉に「堂塔の木組みは木の癖組《くせぐ》み」、「木の癖組みは工人の心組《こころぐ》み」などがあります。それぞれの木が樹《た》っていた環境により、寒風を受けたり日当りの良し悪しがあったりで、曲がったりねじれたりと木は癖を持っている。その癖を生かしつつ上手に組み合わせるのも棟梁の力量、その仕事に従事する職人たち一人ひとりのさまざまな性質、特徴を組み合わせて使い切るのも、棟梁の役割という意味です。

常一は、この言葉を大切にしながら、一生を宮大工として生きたのです。

後年は、薬師寺《やくしじ》の復元、再興に打ち込み、平成七年（一九九五）に八十七歳で世を去りました。宮大工の心の底流にあるのは「仏さんの御屋形《おやかた》をつくり上げようという篤《あつ》い篤い心」と言い続けた常一の生涯は、法隆寺を創建した聖徳太子《しょうとくたいし》と、薬師寺を発願《ほつがん》し完成させた天武《てんむ》、持統両帝《じとうりょうてい》への尊崇《そんすう》と、仏への深い信仰に貫かれていました。

棟梁の口伝は、常一から小川三夫《おがわみつお》へと伝えられていきました。小川は、高校の修学旅行で初めて目にした法隆寺五重塔に魅《み》せられ、常一の門を叩《たた》きましたが「仕事がない」、「年齢《とし》が長《た》け過ぎている」、「宮大工では飯が食えない」と一旦《いったん》は断られます。しかし、やがて常一の唯一の内弟子として道を継承し、多くの後進を育てることになります。

師匠から言葉で教えられたものはないと語る小川は、「西岡棟梁は千三百年前の飛鳥の工人たちと話ができた。それだけ本物、それが伝統」と受け止め、「自分たちの仕事を数百年先の大工が見て、平成の大工の工夫を読み取ってくれればいい」と考えています。西岡常一の精神はこのようにして遠い将来へと生き続けるのです。

【偉人をしのぶ言葉】

「宮大工口伝

一、神仏を崇《あが》めずして伽藍社頭《がらんしゃとう》を口にすべからず。
二、伽藍造営には四神相応の地を選べ。
三、堂塔の建立の用材には木を買わず山を買え。
四、木は方位のままに使え。
五、堂塔の木組みは寸法で組まず木の癖で組め。
六、木の癖組みは工人の心組み。
七、工人たちの心組みは匠長《しょうちょう》（棟梁）が工人への思いやり。
八、百工あれば百念あり、これを一つに統《す》ぶる。これ匠長の器量なり。
九、百論一つに止《とど》まる、これ正なり。
　百論一つに止める器量なき者は謹《つつし》み畏《おそ》れて匠長の座を去れ。

十、諸々の技法は一日にしてならず、祖神達の神徳の恵みなり、祖神忘れるべからず」

（小川三夫著『棟梁』より）

〈参考文献〉

西岡常一著『木に学べ』小学館ライブラリー／小川三夫著『棟梁』文春文庫／『日本への回帰43集』国民文化研究会

日本人の魂を持った経済界の巨人

5 出光佐三

いでみつ・さぞう　一八八五〜一九八一　福岡県生まれ

◇幼少時から生涯を貫いた「勤勉・質素・利他」

アポロマークのガソリンスタンドでおなじみの出光興産《いでみつこうさん》は、平成二十三年（二〇一一）に創業百年を迎えましたが、この会社の創業者である出光佐三は、明治十八年（一八八五）、福岡県の赤間村（現在の宗像《むなかた》市赤間）に誕生しています。幼少から地元のお宮である宗像大社へのお参りを欠かさぬ少年でした。

藍問屋《あいどんや》を営む父藤六《とうろく》は身をもって「精いっぱい働くこと」、「贅沢《ぜいたく》をせず倹約《けんやく》を心がけること」そして「人のために尽くすこと」の三つを実行し、子供たちにも繰り返し教え込みました。

小学校に入る頃から佐三は、夜間悪夢にうなされる神経症と、視力を害《そこな》う白内障《はくないしょう》に悩まされ続けました。成績は良かったものの、勉学より療養《りょうよう》を重んじる父が進学に反対したため、佐三が当時できたての福岡商業学校（現在の市立福翔《ふくしょう》高校）に入学したのは、同級生より二年遅れの数え年十七歳の春でした。その後、神戸高商（現在の神戸大学経済学部）に進みます。当時の高商卒は大変なエリートで、同級生はほとんど一流の銀行や商社へ就職しましたが、佐三は社員数名の酒井商会に丁稚《でっち》として入りました。「学校の面汚《つらよご》しだ」と罵《ののし》る同級生もありましたが、佐三は商売の基礎、経営のあり方を実地で学びつつ、将来の独立に備えたのです。

酒井商会で懸命に働いて二年が過ぎたある日、実家が事業を閉鎖したという知らせが飛び込んできました。「こんなつらい思いを両親にさせてはならぬ」と、独立を決意する佐三でしたが、開業資金のめどが立ちません。

そのとき、思いがけない応援の手を差しのべる人物が現れました。かねてより佐三の将来性を見込んでいた日田重太郎《ひたじゅうたろう》という紳士《しんし》が「自分の主義を貫き家族仲良く暮らせ。返済は無用、そしてこのことは誰にも言うな」と念を押して、六千円（現在の価値で八千万円ほど）をぽんと差し出してくれたのです。こうして二十五歳の佐三は、門司《もじ》に機械油を扱う出光商会を開業しました。

◇会社が成長しても変わらないもの

開業当初はなかなか売上が伸びずに苦労を重ねましたが、次の二つの決断によって出光商会は大きく躍進《やくしん》することになります。

一つ目は燃料油の取り扱いです。当時の漁船の燃料は灯油やガソリンでしたが、佐三は製品の研究や工夫を進め、軽油への転換を提案したのです。さらに、海上で直接給油ができる計量器付き配給船サービスも追い風となりました。消費者に安くて良質な製品を届けるという佐三の信念は、この頃から発揮されたのです。

二つ目は海外への進出です。この頃日本が経営に乗り出した満洲《まんしゅう》鉄道は、厳しい寒さで貨車の車軸油が固まり、それが原因の故障に悩まされていました。佐三は現地対策チームの一員となって機械油を改良し、結果として事業拡大に成功したのです。

幾度《いくたび》かの経営危機を乗り越えながら出光興産（昭和十五年に改称）は、戦前すでに日本を代表する国際企業に成長しました。しかし、会社がどんなに成長しても変わらないものは、従業員を家族同様に扱う「人間尊重」の実現こそが目的であり、決して「黄金の奴隷《どれい》」（金儲《もう》けを至上とすること）にはならないという佐三の信念だったのです。

◇日本人を勇気づけた戦後の第一声

昭和二十年（一九四五）八月十五日、昭和天皇はラジオを通じて全国民に、ポツダム宣言を受け入れて戦争を終結する旨《むね》を明らかにされました。有名な「玉音放送《ぎょくおん》」です。戦場の兵士と同じ思いで不自由や困難に耐えてきた多くの国民は、劣勢《れっせい》をはね返して最後は勝つという望みもあえなく断たれて、絶望と悲嘆《ひたん》に暮れました。

その二日後、佐三は東京近辺の社員を集め「玉音を拝して」と題して訓辞《くんじ》しました。その冒頭は次の三項目でした。

「一、愚痴《ぐち》をやめよ。二、世界無比《むひ》の三千年の歴史を見直せ。三、そして、いまから建設にかかれ」

敗戦によって出光興産は、海外に展開していた七十七の店舗すべてを失いました。そんな戦後の第一声が「愚痴をやめよ」だったことに皆は驚き、続く言葉によって勇気づけられたのです。

三千年にわたって一度の断絶もなく、幾多の危機、国難を乗り切ってきた日本の歴史を見直して、自信と誇りを持って再建設に向かおうという力強いメッセージは、出光の社員のみならず復興に勤《いそ》しむ多くの日本人をどれほど励ましたかしれません。

敗戦に続く六年半、連合国の占領を受けた日本は昭和二十七年四月に独立を回復します。その後の復興、経済成長の原動力は何といっても新エネルギーの石油でした。ところがこの頃、産油国からの供給、流通はすべて「メジャー」と呼ばれる欧米《おうべい》の巨大企業に支配されていたのです。その独占を打ち破ろうと佐三が考えを巡らせている頃、イランが石油の国有化を宣言し、その報復としてメジャーは、イランから石油を買わないようにと世界各国に圧力を強めます。

佐三は熟慮《じゅくりょ》の上、自社のタンカー「日章丸2世号」を中東に差し向け、イギリス海軍の妨害《ぼうがい》をかいくぐりつつ、イラン石油を満載して堂々と横浜港へ戻ってきたのです。

この快挙により、メジャー独占の市場に風穴が開き、出光興産は大きな利益を得ました。しかし佐三を一番喜ばせたのは、日本全国の青年から寄せられた多くのメッセージです。敗戦で自信を失っていた若者たちは、欧米の横暴《おうぼう》に屈しない佐三の胆力《たんりょく》と、イギリスからの訴訟《そしょう》を退けた周到な対応に拍手喝采《はくしゅかっさい》したのです。

昭和五十六年、出光佐三は九十七歳の生涯を閉じました。このとき遺族に、昭和天皇からの御製《ぎょせい》（天皇が詠まれた和歌）が届けられています。

国のため　ひとよつらぬき　尽くしたる　きみまた去りぬ　さびしと思ふ《う》

天皇陛下が一民間人に歌を贈られることはきわめて異例で、戦後の日本に佐三の果たした役割がいかに大きかったかを改めて知るエピソードといえるでしょう。その働きは経済分野に止まらず、思想、文化、芸術にも及んでいました。

【偉人をしのぶ言葉】

「日本人のもっている無我無私、互譲互助《ごじょうごじょ》、義理人情というようなものでお互いに権利自由を守りあい、お互いに信頼融和し、お互いに一致団結すれば、人間の矛盾性をつつしむことができ、これによって平和の基礎も見いだしうる。ここにはじめて己れを離れて全体をつくる、一国の平和、やがては世界全体の平和幸福の道が見いだせるのである」

（「物質尊重より人間尊重へ」昭和三十六年の出光佐三社内講演より）

〈参考文献〉

出光佐三著『人間尊重五十年』春秋社／滝口凡夫著『創造と可能への挑戦』西日本新聞社／『永遠の日本―出光佐三対談集』平凡社教育産業センター 平凡社／高倉秀二著『評伝出光佐三　士魂商才の軌跡』プレジデント社　増補改訂版

明治、大正、昭和三代にわたる歌人

6 川出麻須美

かわで・ますみ／一八八四〜一九六七／愛知県生まれ

◇歌の力

昭和四十二年（一九六七）五月に、明治から歌を詠《よ》み続けた歌人の川出麻須美が亡くなりました。八十三歳でした。神式で行われた葬儀場の遺影《いえい》と遺骸《いがい》に別れを告げた人たちは、控室《ひかえしつ》の壁間に、墨書して掲げられていた麻須美の歌に目を留めました。

〝墓碑銘〟として、

極まれば　またよみがへ《え》る　道ありて　いのち果てなし　何かなげかむ《ん》

また〝辞世〟として、

「明るく」と　ゲーテは言ひ《い》き　チャーチルは　「もう沢山《たくさん》」と　我は「ねむたし」か

この二首の歌に、葬儀に参列した人たちは、普段、和歌に親しんでいない人でも、「いい歌だなあ」と声をあげたといいます。

麻須美の歌に多くの人が助けられました。仕事上の悩みを抱えたある人は、次の歌に救われました。

老いぬれば　かなしみ多し　若ければ　なやみ多きぞ　人の世にはある

物みなの　なやみ集まる　現《うつ》し身を　投げ出《いだ》し生く　天《あめ》のまにまに

この二首の歌に悩みの解決法は説かれていません。しかし、現実をそのままに表したこの歌を読む者は、晴れやかな思いに導かれます。

また、昭和二十年にアメリカとの戦争に日本が敗れたとき、多くの日本人が打ちひしがれました。ある二十三歳の青年も同様でしたが、この青年は先輩から送られてきた麻須美の歌に生きる力を取り戻しました。

その青年は麻須美の歌が送られてきた日を、二十数年経《た》っても、〝昭和二十一年五月十六日〟と覚えていました。その歌とは、昭和十七年に鹿児島で高校の教師をしていたときに詠まれた〝台風〟の歌です。

雨しぶき　吹きけぶらひて　怒号《どごう》する　この城山《しろやま》は　荒海に似たり
青年は　愉快なるかな　風の日は　平生よりも　出席多し
雨水の　ながれてくだる　がらす戸に　青葉のちぎれ　あまたとまれり
陸《くが》のけがれ　清めむとかも　海原《うなばら》は　風を起して　吹きはらふらむ

◇歌でもまだ足りない……

明治十七年（一八八四）に愛知県豊橋市に生まれた川出麻須美は同四十三年七月に東京帝国大学国文科を卒業し、浦和、富山、小田原の各中学校で教え、大正十年（一九二一）から昭和十九年まで鹿児島の第七高等学校の教授として、戦後は地元愛知の大学で教鞭《きょうべん》を執《と》りました。

その講義がきわめて魅力的であったことは、教え子たちが異口同音《いくどうおん》に語っています。殊《こと》に『古事記《こじき》』『万葉集《まんようしゅう》』『源氏物語《げんじものがたり》』の講義は学生たちに深い印象を残し、多くの後継者が育ちました。講義中、麻須美は熱が入ると手動き、足震えた、といいます。

麻須美は教鞭を執るかたわら、和歌を詠み、詩を書き、文を綴《つづ》りました。

麻須美の敬愛するアメリカの詩人ウォルト・ホイットマンが一巻の詩集『草の葉』に生涯を込めたように、麻須美も「一巻の歌集を残せばそれでよい」と考えていました。そして、「それ以外には途《みち》がないと思ったからである。しかし歌でもまだ足りない、もどかしさがあるけれど、それはどうにもならない」と続けています。

その言葉どおり、一冊の本『天地四方』を残しましたが、「歌でもまだ足りない」と麻須美が語ったように、歿後《ぼつご》に編まれた六百頁《ページ》の『天地四方』は、歌も詩も論文も随筆もある、教え子たちの回想記もある、立派な書籍です。

【偉人をしのぶ言葉】

「ああ詩はほろびた、日はしづ《ず》んでしまった。／としよりも子供も、男も女もみなそれを知って居る。／くろい服がまちをゆき、君も泣きぼくもかくれて泣く。／とほ《お》い海べにも山のなかにも野の末にも、／ぼくらと同じく泣く民があらう《ろ》。（中略）人は暗黒と涼気に蘇《そ》生《せい》して、／自己の創造に入らう《ろ》とするか。／ああ急転する地球の風よ！／ひらく胸にも響をつたへ《え》て／われはとびあがる／行くものは行けよ！／悲し悲し人の世はかなしきかな」

（川出麻須美作「暗夜」）

〈参考文献〉
川出麻須美著『天地四方』川出麻須美遺稿集刊行会／夜久正雄・山田輝彦共著『短歌のあゆみ』国民文化研究会／廣瀬誠著『和歌と日本文化』国民文化研究会

日本人初のノーベル賞受賞者

7 湯川秀樹

ゆかわ・ひでき／一九〇七〜一九八一／東京都生まれ

◇読書の世界を開いた祖父の教え

湯川秀樹は明治四十年（一九〇七）、地質学者の小川琢治《おがわたくじ》の三男として、東京に生まれました。翌年、父が京都帝国大学の教授となり、一家は京都に移ります。秀樹は幼少期を京都で過ごし、小学校から大学まで京都で学びました。母の小雪は子供たちをみな学者にするつもりでおり、秀樹自身もそれを子供のときから意識していました。ちなみに、長兄の小川芳樹《よしき》は冶金《やきん》学者、次兄貝塚茂樹《しげき》は東洋史学者、弟の小川環樹《たまき》は、中国文学者となっています。

「そろそろ秀樹にも漢籍《かんせき》（中国の書物）の素読《そどく》を始めてください」。秀樹が五、六歳の頃、父は祖父にいいました。その日から、秀樹は難しい漢字の並んだ古典の世界へ突然入ってゆくことになりました。四書五経《ししょごきょう》の『大学《だいがく》』を手始めに習いましたが、学齢前の子供にとってまだ見たこともない漢字の群れは、一字一字に未知の世界があり、一ページがまるで巨大な岩山でした。夜ごと三十分から一時間ずつ必ずこの壁と向かい合わなければなりません。

祖父は机の向こう側から、一尺《しゃく》（約三〇センチ）を超える「字突き」の棒を差し出します。棒の先が一字一字を追って「子《し》、曰《のたま》わく……」と進み、秀樹は祖父の声の後を追って「シ、ノタマワク……」と音読します。意味もわからずに入った漢籍でしたが、漢字に慣れることで文字に対する抵抗が全《まった》くなくなりました。祖父の声に従って復唱《ふくしょう》するだけで、知らず知らずのうちに漢字に親しみ、それがその後の秀樹の読書の世界を広げてくれました。

◇数学に夢中になった中学時代

はにかみ屋で無口な秀樹の小学校時代からの得意科目は数学でした。小学校高学年のときにはすでに等差級数の総和を求める方法を誰からも教わらずに自然に考えついたほどです。

府立一中に入学した秀樹は、ユークリッド幾何《きか》を習いはじめると、すぐにその魅力の虜《とりこ》になりました。幾何の持つ明晰《めいせき》さと単純さ、透徹《とうてつ》した論理が秀樹を強く惹《ひ》きつけたのです。難しい問題を自分一人で解けることを何よりの喜びと感じ、幾何の教科書に出ている問題はもちろん、いろいろな参考書や問題集を買ってきては片っ端から解いたのも、この頃のことです。このとき秀樹を熱中させたのは幾何や代数で、後年、彼を世界的な存在に押し上げる物理学に対する興味はまだ彼の中で眠ったままでした。

それでも中学四年の半ば頃、「アインシュタイン博士、訪日」という記事が新聞紙面に載る頃には、物理実験に熱中していました。あるとき、湿度測定の実験を成功させた秀樹を見て、「小川君はアインシュタインのようになるだろう」と親しい友人がいいました。その言葉は何となく秀樹を喜ばせますが、後年深い親交を結ぶことになるアインシュタインは、まだまだ余りにもかけ離れた存在でした。

◎量子論との出合い

大正十二年（一九二三）四月、秀樹は三高理科甲類に入学しました。哲学の書物を熱心に読みはじめます。次第に老荘《ろうそう》の哲学から西洋の哲学へと興味は移っていき、その中から最新の物理学に対する好奇心が芽生《めば》えてきました。「大昔は哲学と理論物理学は一つであった」と考える秀樹にとって、これはきわめて自然な流れでした。

学校で習う物理だけでは物足りなくなった秀樹は、書店で「量子論」という表題の書物を見出しました。学校の物理の学力では「量子論」を完全に理解するのは困難でしたけれども、わからないところがあればこそ、それまでに読んだ、どの小説よりも面白いものでした。

時代はちょうど旧量子論から新量子論（今日の「量子力学」）への過渡期《かと》にあり、秀樹は理論物理学が暗中模索《あんちゅうもさく》の時期にあることを知ります。秀樹がマックス・プランクの「理論物理学」と巡り合うのは、それから間もなくのことでした。すぐに読みはじめた秀樹は、すっかり量子論に魅了《みりょう》されてしまいます。京都大学では物理を専門とすることは自《おの》ずと決まりました。

◇戦後の日本人を勇気づけたノーベル賞受賞

昭和七年（一九三二）、物理学界にとって画期的な大発見や出来事が三つ続けざまに起こりました。第一は中性子の発見、第二は陽電子の発見、第三は加速器による人工的な原子核破壊の成功です。

昭和九年、原子核を陽子と中性子の集合体と考える新しい原子核構造論に基づいて、秀樹は未知の粒子（のちに「中間子」と命名）の仮定に踏み切り、「中間子論」を学界に発表しました。昭和十二年には、その仮定どおりに宇宙線中に電子と陽子の中間の質量を持つ新粒子（「中間子」）が発見されたのです。

第二次世界大戦後の昭和二十三年十一月三日、「湯川秀樹博士、日本人初のノーベル物理学賞受賞」のニュースが世界中を駆《か》け巡りました。それは敗戦に打ちひしがれていた日本人に自信を取り戻させる、晴れがましい朗報《ろうほう》となったのです。
翌年、ストックホルムでの授賞式に臨んだ心境を、秀樹は次の和歌に吐露《とろ》しています。

思ひきや　東の国に　われ生《あ》れて　うつつに今日の　日にあはんとは
忘れめや　海の彼方《かなた》の　同胞《はらから》は　あすのたつきに　今日もわづらふ《ずう》

東洋の島国の敗戦国民の一人として、世界的名誉を受ける喜びを率直に表現していますが、同時に二首目では、明日のたつき（生活手段）もままならない日本人同胞の戦後復興の苦労に思いを馳せるのでした。

◇世界平和を希求して

大東亜戦争が敗戦に終わったこと、とりわけ理論物理学の応用から生まれた原子爆弾の投下によって敗戦が決定づけられたことは、秀樹にとって痛恨《つうこん》の一事でした。それでも気を取り直して学問へと向かおうとした、昭和二十年の暮れ頃の歌です。

雪近き　比叡《ひえい》さゆる日々　寂寥《せきりょう》の　きはみ《わ》にありて　わが道つきず

初雪間近で冷気冴《さ》え、比叡山をはっきりと臨むいかにも寂《さび》しい情景と同様に、志した学問の道も険《けわ》しいけれど、弛《たゆ》まず先へ進んでいこうという秀樹三十八歳の心境です。

戦後は研究者として学会をリードするほかに、アインシュタインをはじめ各国の著名な学者たちと連携《れんけい》して、平和へのアピールを発表しました。それは観念的な平和論ではなく、科学者として原子力対人類という問題に責任を果たし、人類社会に幸福をもたらすべき科学技術の発達が暴走や破滅に向かわないよう、自己抑制を強調するものでした。

昭和五十六年、湯川秀樹が世を去ったとき、「葬儀不要」との本人の遺志《いし》にもかかわらず、世界中からその業績、思想、人柄を惜しむ人々が詰めかけて、盛大な告別式が営まれました。

【偉人をしのぶ言葉】

「未知の世界を探求する人々は、地図を持たない旅行者である。地図は探求の結果として、できるのである。目的地がどこにあるか、まだわからない。もちろん、目的地へ向かっての真直《まっす》ぐな道など、できてはいない。目の前にあるのは、先人がある所まで切り開いた道だけである。この道を真直ぐに切り開いて行けば、目的地に到達できるのか、あるいは途中で、別の方向へ枝道《えだみち》をつけねばならないのか。『ずいぶんまわり道をしたものだ』と言うのは、目的地を見つけた後の話である。後になって、真直ぐな道をつけることは、そんなに困難ではない。まわり道をしながら、そしてまた道を切り開きながら、とにかく目的地までたどりつくことが困難なのである」

（湯川秀樹著『旅人―ある物理学者の回想』）

〈参考文献〉

『湯川秀樹著作集（全十巻）』岩波書店／湯川秀樹著『旅人―ある物理学者の回想』角川ソフィア文庫／同『創造への飛躍』講談社学術文庫／小沼通二監修『「湯川秀樹 物理講義」を読む』講談社

学びを止めない「経営の神さま」

8 松下幸之助

まつした・こうのすけ／一八九四〜一九八九／和歌山県生まれ

◇小学校を中退した病弱少年

皆さんは「Panasonic」という会社をご存じでしょうか。この会社は、日本人だけでなく、世界六十七カ国にわたって、約三十六万人の人たちが働く、日本を代表する巨大家電メーカーです。平成二十一年に社名変更するまでは「松下電器産業」といっていましたが、この松下電器を大正七年（一九一八）に資金七十五円（現在の価値では約二十五万円）で創業し、一代で世界的な企業に育て上げたのが松下幸之助です。

平成元年（一九八九）に歿《ぼっ》して、二十年以上経過してもなお政界、財界のみならず、多くの人たちに「経営の神さま」と呼ばれ、その経営に関する考え方や物の見方を多くの人が見習っています。

一代で巨大企業をつくったと聞けば、どれほど学業優秀で、どんな良い大学を出たのか、どれだけ家がお金持ちだったのか、そして体力、気力に溢《あふ》れた人だったのか、と考えるかもしれませんが、幸之助はそのいずれも持っていなかったのです。

明治二十七年（一八九四）、幸之助は和歌山に生まれました。裕福な家庭の末っ子に生まれ、幼少の頃は何ひとつ不自由ない暮らしでしたが、父親が事業に失敗したことで生活は一変します。小学校を中退し、九歳にして単身、親元を離れて大阪の商家へ丁稚奉公《でっちぼうこう》に出ることになってしまうのです。最終学歴は何と「小学校」なのです。おまけに体も頑健《がんけん》とはいえず、しばしば寝込んでしまうほど病弱で「成功者」のイメージとはほど遠いものでした。

◇「わからないこと」に「わかるまで」向き合う

そんな幸之助がなぜ一代で町工場を世界的企業にまで育て上げることができたのでしょうか。「経営の神さま」といわれたくらいだから、生まれながらに神がかり的な「商才」を持っていたのかと思うかもしれませんが、そうでもないのです。

意外なことに、幸之助は事業を起こす前から、計画性を持って用意周到に会社を大きくしていったというわけではありません。二十二歳で事業を起こすのですが、何しろ、それまで勤めた大阪電燈《でんとう》（現在の関西電力）を辞めて、独立する際には、自分が好きだったという理由で「おしるこ屋でもやろうか」と妻の〝むめの〟に真剣に相談していたほどでした。

むめのの反対もあって、それならと電気器具の製作販売に取り組むことにしたくらいです。さらに驚くのは、資金もわずか、肝心の電気器具の製造方法もわからない中での完全なる「見切り発車」だったのです。誰が見ても無謀《むぼう》な挑戦で、ほかならぬ幸之助自身が後年に「何もかも無茶苦茶《むちゃくちゃ》だった」と認めているほどだったのです。

その無謀な挑戦が実を結んだのはなぜでしょう。いくつかの幸運もありましたが、最も大きな要因は幸之助の「学ぶ力」に求めることができます。もっとも「学ぶ力」といっても、むやみに知識を詰め込み、テストでよい点数をとる能力とは違います。それは「わからないこと」に対して、「わかるまで」とことん向き合える力のことです。

創業の頃を振り返ってみると、製品のつくり方はよその工場から原材料のかけらを拾ってきて調べました。そうして最初の製品「松下式ソケット」ができましたが、今度はいくらで売ればいいのかがわからない。そこで、これから売ろうとしている問屋さんに、「このようなものをつくりました。ご主人から見てこの商品はいかがでしょうか。どのくらいの価格なら売れるでしょうか」と、原価を洗いざらい白状《はくじょう》して、いくらで売ればいいのかを教えてもらったのです。

幸之助はわからないことにぶつかっても、諦《あきら》めたり、尻込《しりご》みしたりすることはありませんでした。わからなければ、どうすればわかるか考える。それでもわからなければ、わかる人に尋《たず》ねてみるのです。

ただ、苦心してつくった「松下式ソケット」は、全《まった》くといっていいほど売れず、資金も底をつきかけ、危うく倒産というところまで追い込まれましたが、次に考案した「アタッチメント・プラグ」がヒット商品となり、松下電器はようやく軌道《きどう》に乗ることができました。

◇学びの名人

つまずくたびに、幸之助は「学ぶ」ことで活路を見出しました。幸之助は晩年「僕は、知識も健康も力もないしな、ケンカしたら負けるし、弱い男や。それが今日こうしてあるというのは、自分の才覚というのも、ないとは言わんけど、ある程度あったんやと思うけども、その才覚の前に他人の意見を、いいなと思うものは素直に取り入れたわけやな。それで今日の成功があると思うんや」と振り返っていますが、幸之助の学びはとてもシンプルです。

まず「自分が『何がわからないか』をわかり」、そのうえで「自分が『学ぶべきこと』を理解し」、そして「それを『教えてくれる人』を探り当てる」という一連の思考と行動、これだけを丁寧《ていねい》にやり抜くのです。

会社が大きく成長した後の昭和三十九年（一九六四）にも危機がありました。家電製品の普及が一段落していたところに、不景気による需要の落ち込みが重なり、松下電器の製品を専門に売る販売会社と代理店が大量の在庫を抱え、グループ百七十社のうち八割以上が赤字経営という事態に陥《おちい》ります。

この危機を脱するために、幸之助が活路を見出そうとしたところは「現場」でした。全国の販売会社と代理店の店主を一堂に集め、現場では今、何が起こっているのか、現場の人が何を思っているのか、三日間にわたり、徹底的に聴き、解決の道を見出したのです。このようにして幸之助は幾多《いくた》の困難を克服し続けていきます。その積み重ねが、結果的に、家族経営の町工場を世界的な企業にまで成長させたのです。

幸之助は「経営の神さま」と称《しょう》されますが、「天才」ではありません。目端《めはし》が利《き》いて、先見性があって、順調に事を運ぶタイプではありません。失敗もしました。むしろ、失敗してばかりの「凡人《ぼんじん》」でした。ただ、その失敗を「学び」続けることによって、最後には成功に結びつける。そのことにかけての「名人」だったのです。

【偉人をしのぶ言葉】

「一、素志貫徹の事─常に志を抱きつつ、懸命に為《な》すべきを為すならば、いかなる困難に出会うとも道は必ず開けてくる。成功の要諦《ようてい》は成功するまで続けるところにある。

一、自主自立の事―他を頼り人をあてにしていては事は進まない。自らの力で、自らの足で歩いてこそ他の共鳴も得られ、知恵も力も集まって良き成果がもたらされる。
一、万事研修の事―見るもの聞くことすべてに学び、一切の体験を研修と受けとめて勤《いそ》しむところに真の向上がある。心して見れば、万物ことごとく我が師となる。
一、先駆開拓の事―既成にとらわれず、たえず創造し開拓していく姿に、日本と世界の未来がある。時代に先がけて進む者こそ、新たな歴史の扉を開くものである。
一、感謝協力の事―いかなる人材が集《つど》うとも、和がなければ成果は得られない。常に感謝の心を抱いて互いに協力しあってこそ、信頼が培《つちか》われ、真の発展も生まれてくる」

（公益財団法人松下政経塾『五誓』）

※松下政経塾は昭和五十四年に松下幸之助が創設したリーダー養成のための私塾である。

〈参考文献〉

松下幸之助著『私の行き方　考え方』ＰＨＰ文庫／同『リーダーを志す君へ　松下政経塾塾長講話録』ＰＨＰ文庫／松下幸之助・堺屋太一著『新版松下幸之助　経営回想録』プレジデント社／北康利著『同行二人　松下幸之助と歩む旅』ＰＨＰ研究所

よろこびも悲しみも国民と共にされた聖帝《ひじりのみかど》

9 昭和天皇

しょうわてんのう／一九〇一～一九八九

◇国家の苦難を御一身に担われて

昭和六十四年（一九八九）一月七日、午前六時三十三分、先《さき》の陛下（昭和天皇）が崩御（天皇、皇后が亡くなられること）されて昭和が終わりました。戦前も戦後も一貫して国家の平安と国民の安穏《あんのん》を祈り続けられた昭和天皇はここに波乱に満ちた八十九年のご生涯を終えられました。

昭和は天皇が御位《みくらい》におつきになった当初から内政、外交両面にわたってきびしい状況が続いていました。

内政では、世界恐慌の影響でわが国の経済も深刻な影響を受け、東北地方と北海道の凶作が追い打ちをかけました。国民の苦境を憂《うれ》えた陸海軍の青年将校たちによる反乱やクーデター事件が幾度《いくど》も発生しました。

外交では、支那《しな》（今の中国）との戦火は大陸全土に拡大しました。一方、アメリカをはじめとする西洋諸国のわが国への敵視政策は続き、ついに昭和十六年十二月八日、わが国は自存自衛《じそんじえい》のために大東亜戦争に突入しました。常に平和を希望されていた天皇の御心《みこころ》に添《そ》うこともなく時代は推移しましたが、天皇は国家の苦難を御《ご》一身に担《にな》われて対処されました。

戦争は緒戦《しょせん》こそ見事な戦果を収めたものの戦況は次第に悪化し、昭和二十年八月には、アメリカが広島、長崎に原子爆弾を投下しました。その最中《さなか》にわが国と中立条約を結んでいたソ連が突如《とつじょ》、対日宣戦を布告するという最悪の事態を迎え、わが国は戦争終結か、継続かの最終決定を迫られる事態になりました。戦争終結を考える和平派と徹底抗戦を主張する抗戦派が激しく対立して最後まで結論を出せず、和平か抗戦かの最終判断を下す〝御《ご》前《ぜん》会議〟の席で、時の首相の鈴木貫太郎《すずきかんたろう》は天皇にご決裁を願い出ました。

和平派と抗戦派がそれぞれの意見を述べ終わった後、天皇は「とぎれとぎれに、抑揚《よくよう》もみだれ、考え考え、一言ずつ絞《しぼ》り出すように」して、「このような状態で本土決戦に突入したならばどうなるか……日本民族は、みな死んでしまわなければならないことになるのではないかと思う……日本という国を子孫につたえるためには、一人でも多くの国民に生き残っていてもらって、その人たちに将来ふたたび立ち上がってもらうほか道はない……わたしはどうなってもかまわない」と仰《おお》せられました。そして八月十五日、昭和天皇はラジオを通して国民にそのお気持ちを告げられ、わが国は終戦の日を迎えたのでした。
天皇の御心《みこころ》が国家と国民を滅亡の淵《ふち》から救ったのです。この終戦時に天皇がお詠《よ》みになった御製《ぎょせい》（天皇陛下がお詠みになる歌）を【偉人をしのぶ言葉】に掲げています。

◇常に国民と苦楽を共に

終戦から一カ月余り後、占領政策を進める連合国軍最高司令官のダグラス・マッカーサーをご訪問された天皇は「国民が戦争遂行にあたって政治、軍事両面で行なったすべての決定と行動に対する全責任を負う者として、私自身をあなたの代表する諸国の裁決《さいけつ》にゆだねるためにおたずねした」と申し出られました。自分の身はどうなってもかまわない、唯々《ただただ》国民のいのちを救いたいという御一念《ごいちねん》で天皇はマッカーサーの前に御身《おんみ》を投げ出されたのでした。

そして、終戦の翌年からは戦争で疲れきった国民を励ますために全国津々浦々《つつうらうら》を御巡幸《ごじゅんこう》なされました。そのお姿を見て国民は気力を振り絞って戦後の復興へと立ち上がったのです。

歴代の天皇方は国民の安寧《あんねい》を第一に祈念を続けられる御生涯ですが、昭和天皇もそうでした。戦前も戦後も変わりはありません。昭和十二年の御製《ぎょせい》に、

みゆきふる　畑《はた》のむぎふに　おりたちて　いそしむ民《たみ》を　おもひ《い》こそやれ
（現代語訳―雪降る麦生《ふ》〈麦畑のこと〉で一心に働く民を思いやることだ）

とあります。昭和天皇は国民と苦楽を同じくされようとしておられるのです。そのお気持ちがよく表れているのが、昭和四十五年の次の御製であろうと思います。昭和天皇は七十歳を迎えられました。

七十《ななそぢ》の　祝ひ《い》をうけて　かへ《え》りみれば　ただおもはゆく　思ほゆるのみ
ななそぢを　迎へ《え》たりける　この朝も　祈るはただに　国のたひ《い》らぎ
よろこびも　かなしみも民と　共にして　年はすぎゆき　いまはななそぢ

昭和天皇が崩御されて即日、皇太子明仁《あきひと》親王殿下（現在の天皇陛下）が第百二十五代の天皇の御位におつきになりました。元号は平成となりすでに二十有余年が経過しましたが、わが国の歴史上、未曾有《みぞう》の困難と辛苦に見舞われた昭和は、昭和天皇の御心を仰ぎつつ繰り返し回顧《かいこ》されなければなりません。

【偉人をしのぶ言葉】

（昭和天皇　終戦時の御製）

爆撃に　たふ《お》れゆく民《たみ》の　上をおもひ《い》　いくさとめけり　身はいかならむ《ん》とも
身はいかに　なるともいくさ　とどめけり　ただたふ《お》れゆく　民をおもひ《い》て

〈語注〉たふれゆく―倒れてゆく／民―国民／身はいかならむとも、身はいかになるとも―どちらも「自分の身はどうなろうとも」の意／とどめけり―止めた

〈参考文献〉
迫水久常著『機関銃下の首相官邸』恒文社／ダグラス・マッカーサー著　津島一夫訳『マッカーサー回想記』朝日新聞社／夜久正雄著『歌人・今上天皇　増補改訂』日本教文社／村松剛著『日本人と天皇』ＰＨＰ研究所

沖縄の島守《しまもり》

10 島田 叡

しまだ・あきら／一九〇一～一九四五／兵庫県生まれ

◇誰かが行かなければならない

島田叡が県知事として沖縄に赴任《ふにん》したのは、誰の目にも次の戦場は沖縄と映り始めた頃でした。

島田は明治三十四年（一九〇一）、兵庫県神戸市に生まれました。父は軍医でしたが、除隊後神戸の須磨《すま》で医院を開業していました。旧制三高を経て、大正十四年（一九二五）東京帝国大学法学部を卒業後、内務省に入省しました。島田は同期の中で出世が一番遅れました。それは彼が人に劣《おと》っていたからではありません。信念が固く、節義を守り、容易に人の意見に流されることがなかったためでした。そのためずっと地方の役職をたらい回しにされていました。平和な時代であれば名もなき一介《いっかい》の役人として世を終えていたでしょう。しかし、壮絶な戦争も末期を迎え、米軍の上陸が間近に迫った沖縄の県知事を誰にするのかという段になり、島田以外にはないとなりました。

昭和二十年（一九四五）一月十一日、島田家は運命の朝を迎えます。大阪府内政部長の職にあった島田は、家族四人で朝食を摂《と》っていました。すると隣の官舎にいる府知事から話があるので来てほしいとの電話がありました。やや長い時間が空いて島田が戻ってきました。妻の美喜子が問い質《ただ》すと、「沖縄県知事の内命を聞かされた」と答えました。美喜子は、一瞬全身の血の気が退《ひ》いていくのを感じ、さらに質しました。「それでお受けになったのですか」。島田はもちろん受けてきたと静かに答えました。美喜子は我《われ》を忘れて「私たちはどうなるのですか。何にも悪いこともしないのに沖縄にやられるなんて、内務省をいっそ辞めてしまいましょう」と思わず嘆《なげ》きました。

妻ばかりではありません。友人や同僚からも「今、沖縄に行くのは死に行くようなものだ、君が行くことはない」と忠告を受けました。それに対して島田は答えました。「僕が沖縄へ行かなければ、誰かが行かなければならない。若者なら赤紙一枚で戦地に行かなければならないのに、固辞できる自由をいいことに断るなど卑怯《ひきょう》なことはできない。上御一人《かみごいちにん》（天皇）のご指名に与《あず》かったのだから、そのご寄託《きたく》に背かないよう、立派に死んでくるよ」

◇最後まで沖縄県民と共に

米軍の上陸を前に、島では異常な状態が続いていました。相次《あいつ》ぐ空襲《くうしゅう》に怖気《おじけ》づいた前任の泉《いずみ》県知事は、転任工作を図り他県の知事へ赴任して再び沖縄に帰ることはありませんでした。伊場《いば》内政部長も出張先から病と称《しょう》して再び島に帰りませんでした。そればかりではありません。那覇《なは》市長、学校長、県庁職員、医者の中には、祖国の危急を前にして郷土を見捨てて逃げ出す者が相次ぎました。そのため軍民の、官に対しての不信は頂点に達していました。島田が赴任したのは、そういうときでした。

一月三十一日、島田知事は沖縄の飛行場に降り立ちました。米軍上陸の二カ月前です。知事は、直ちに分散していた職員を県庁に集め活動を再開しました。まず敵機の飛来の激しい中、空路台湾へ飛び非常用の米を買い付けました。それから老幼婦女子の県外および北部地区への疎開《そかい》を急がせました。また、風紀の取締りを緩《ゆる》め、酒や煙草《たばこ》の配給を増やし、村芝居《しばい》を復活させました。戦いを前にした県民へのせめてもの慰《なぐさ》めでした。軍との関係修復、県民の信用回復に休む暇《ひま》なく走り回りました。

四月一日、ついに米軍は嘉手納《かでな》海岸に上陸しました。知事は砲弾の降りしきる中、町村長と協力し、夜間の食糧増産、戦意高揚《こうよう》、生活衛生面での指導を続けました。

そしてついに六月二十三日、戦い利あらず、牛島満《うしじまみつる》軍司令官、長勇《ちょういさむ》参謀長は摩文仁《まぶに》の洞窟《どうくつ》にて自刃《じじん》。同行していた新聞記者から投降を勧められた島田知事は、きっと顔を上げ、

「君、一県の長官として、僕が生きて帰るわけにいくかね。沖縄の人がどれだけ死んでいるか知っているだろう」と言い残し、司令部近くの洞窟にてピストル自決しました。享年《きょうねん》四十五。

【偉人をしのぶ言葉】

「物を失うことはこわくないよ。ぼくは心を失うことの方がこわいね」

（堀賢次著『摩文仁に思う』より）

〈参考文献〉

中野好夫著『最後の沖縄県知事』文芸春秋新社／浦崎純著『沖縄かく戦えり―二十万戦没者の慟哭―』徳間書店／八原博通著『沖縄決戦―高級参謀の手記―』読売新聞社／『沖縄の島守島田叡―親しきものの追憶から―』島田叡氏事跡顕彰会

騎士道に武士道で応えた日本軍人

11 工藤俊作

くどう・しゅんさく／一九〇一〜一九七九／山形県生まれ

◇イギリス紳士の来日の目的とは

平成十五年（二〇〇三）十月に、一人のイギリス紳士《しんし》が、生まれて初めて日本の土を踏みました。八十四歳という高齢に加えて、心臓病を患《わずら》っていました。その紳士は、サー・サムエル・フォールという元軍人にして外交官です。フォール卿《きょう》の来日の目的は、ある日本人にお礼を言うためでした。「死ぬ前に、どうしてもお礼を言いたい。この歳になっても、一度として彼のことを忘れたことはありません」。このように、フォール卿は語っています。彼とは日本の帝国海軍軍人の工藤俊作のことです。

時は、昭和十七年（一九四二）三月一日、二十三歳のフォール少尉が乗るイギリス海軍駆逐艦《くちくかん》「エンカウンター」は、ジャワ島北東部のスラバヤ沖《おき》で、日本海軍の猛攻撃により炎上沈没《ちんぼつ》し、乗組員は救命ボートで脱出しました。

艦《ふね》から漏《も》れた重油《じゅうゆ》が目に入り、一時は、多くのイギリス兵の目が見えなくなってしまいました。近くには別のイギリスの巡洋艦《じゅんようかん》の乗組員を含めて合わせて四百名以上が漂流していました。八隻《せき》の救命ボートしかなく、漂流中のイギリス兵はボートにしがみつくのがやっとでした。

やがて、日が暮れ、真っ暗な闇が、ジャワ海を漂うフォール少尉たちイギリス兵を覆《おお》いました。「もう限界だ……」と口々に嘆《なげ》くイギリス兵をフォール少尉は「諦《あきら》めては駄目だ、必ず助けは来る。生きて祖国に帰るんだ。家族を思い出せ」と励まし続けました。

夜が明けました。赤道に近いため、陽《ひ》が昇ると暑くなってきます。漂流も二十時間近く経《た》った頃、兵士の一人が、苦しさの余り、自殺のための劇薬《げきやく》を飲もうとしました。フォール少尉は慌《あわ》てて止めました。

◇敵兵を救助せよ！

その時です。前方二百ヤード（約百八十メートル）のところに艦が現れました。

「見ろ、艦だ」

イギリス兵たちはオールを振り上げて、

「おーい、助けてくれ」

「ここだー」

と声を限りに叫び、助けを求めました。

しかし、あろうことか、それは敵国日本の艦でした。駆逐艦の「雷《いかづち》」です。この「雷」の艦長こそ工藤俊作少佐（当時）でした。工藤は四十一歳で、身長一八五センチ、体重九十キロの偉丈夫《いじょうぶ》でした。

「雷」の艦上で望遠鏡を覗《のぞ》いていた見張りが、多くの浮遊物《ふゆうぶつ》を見つけました。「艦長、イギリス海軍です。四百名以上います」。

工藤艦長は艦橋《ブリッジ》から双眼鏡を覗《のぞ》き込みました。ボートや浮遊物に摑《つか》まって必死に助けを求める四百名以上のイギリス海兵の姿が見えます。しかし、スラバヤ沖の海域はいつ敵の潜水艦《せんすいかん》に襲われるかわからない危険水域です。

もう一つ、危惧《きぐ》すべきことがありました。駆逐艦「雷」は小さな軍艦で、乗員も二百二十名です。そこに四百名以上の、日本兵より屈強《くっきょう》な敵兵を引き揚げると、艦内で蜂起《ほうき》（大勢がいっせいに暴動を起こすこと）される危険がありました。すべては工藤艦長に委《ゆだ》ねられました。漂流中のフォール少尉たちイギリス兵は、現れた艦が日本の艦であることが知れたとき、死を覚悟しました。

工藤艦長が下した決断は「敵兵を救助せよ」でした。「雷」のマストには〝救難《きゅうなん》活動中〟を示す国際信号旗が掲げられました。この旗を見たフォール少尉は夢だと思いました。

甲板《かんぱん》から縄梯子《なわばしご》が降ろされ、自力で上がれる者に日本兵の手が差しのべられました。しかし、イギリス兵は上がってきません。日本兵は「お前たち、何で上がってこないんだ」と大声で問い掛《か》けました。イギリス兵は〝Handle first, Handle first!〟（病人を先に！）と応えました。二十一時間も飲まず食わずの中を漂流してきたにもかかわらず、イギリス軍の中には見事に秩序が生きていました。敵味方、それぞれ差し出された手は、騎士道と武士道によって鍛えられたものでした。

◎諸官は日本海軍の名誉あるゲストである

イギリス兵の衰弱《すいじゃく》は想像以上にひどく、大半が縄梯子さえ自力で上がれない状態です。そこで工藤艦長はある決断をしました。左舷《さげん》の固定されたラッタル（大型階段）を降ろしたのです。ラッタルは友軍の救助であっても使用してはいけないものでした。さらに、警戒要員の大半を救助活動に振り向けました。

ロープを握る力もない者には、竹竿《たけざお》を降ろし抱きつかせてボートに救助しようとしましたが、イギリス兵は竹竿に触れるや安堵《あんど》したのか、力尽きて海中に沈んでいきます。その時、咄嗟《とっさ》に日本兵が海に飛び込み、「ロープをくれ！」といって、沈むイギリス兵の体にロープを巻き付けて引き揚げました。

工藤艦長は目前のイギリス兵を救助し終わると、左前方に舵《かじ》を取れ、漂流者を全員救助する、と指示を出しました。救助したイギリス兵は四百二十二名に上《のぼ》りました。

フォール卿は、この工藤艦長の行為について、

「一人二人を救うことはあっても、全員を捜《さが》そうとはしないでしょう。たとえ戦場でもフェアに戦う、困っている人がいればそれが敵であっても全力で救う、それが日本の誇り高き武士道であると認識したのです」と述懐しています。

日没後、甲板で支給された温かいミルクを飲み、ビスケットを頬張《ほおば》っているイギリス兵のところに、浅野大尉がやってきて、「士官のみ、前甲板に集合せよ」と命じました。

フォール少尉たちは不安に陥《おちい》りました。

前甲板に集合したフォール少尉たちの前に、艦橋から工藤艦長が降りてきて、端正《たんせい》な敬礼をし、流暢《りゅうちょう》な英語で話し始めました。〝You have fought bravely. Now, you are the guests of the Imperial Japanese Navy.〟（諸官は勇敢に戦われた。諸官は大日本帝国海軍の名誉あるゲストである）

フォール少尉は終戦後、イギリスに帰国し、後にSir《サー》（卿《きょう》）の称号が与えられるほど有能な外交官となりました。

一方、工藤艦長は、「エンカウンター」乗員救助後の八月に、司令駆逐艦「響」の艦長

に就任し、しばらくして中佐に昇進しました。しかし、その後は、体に変調をきたし、転地療養《りょうよう》のために故郷の山形に転居し、敗戦を迎えました。

◇サイレントネイヴィーの静かな死

さて、平成十五年のフォール卿は、工藤艦長の消息を摑むことができませんでした。昭和十九年に「雷」は敵の攻撃を受けて撃沈《げきちん》され乗員は全員死亡するという事件があり、工藤艦長はその衝撃からか、戦後、戦友と一切連絡を取らず、親戚の勧める病院の手伝いをして余生《よせい》を過ごしていたのです。そして昭和五十四年一月に七十七年の生涯を終えていました。

実は、フォール卿の来日によって、スラバヤ沖の救出劇は、初めて日本人に知られることになったのです。身内にさえ、工藤艦長は話してはいませんでした。親戚の者は「こんな立派なことをされたのか。生前は一切軍務のことは口外《こうがい》しなかった」と涙ながらに語りました。日本海軍軍人には〝己《おのれ》を語らず〟というモットーがあり、日本海軍は〝沈黙の海軍〟（サイレントネイヴィー）とも言われています。

スラバヤ沖での救出劇が世に知られて、工藤艦長の姪《めい》に当たる方が思い出したことがあります。工藤元艦長がいつも持っていた鞄《かばん》が、あまりにボロボロなため、「なぜ新しいものに替《か》えないの」と訊《たず》ねますと、「これは昔、イギリス兵からもらった大切なバッグなんだ」と語ったそうです。

その後、多くの人々の協力により工藤艦長の墓所がわかりました。平成二十年に再来日したフォール卿は埼玉県川口市の薬林寺《やくりんじ》を訪れ、工藤艦長の墓前に献花《けんか》し、手を合わせました。スラバヤ沖の海上に出会った二人は、六十七年の月日を超えて、幽明界《ゆうめいかい》を異《こと》にはしても、再会を果たしたのです。

【偉人をしのぶ言葉】

「敵とて人間。弱っている敵を助けずしてフェアな戦いはできない。それが武士道である」

（惠隆之介著『海の武士道』より）

〈参考文献〉

惠隆之介著『海の武士道』育鵬社

歴史とは何かを問い続けた最高の知性
12 小林秀雄
こばやし・ひでお／一九〇二〜一九八三／東京都生まれ

◇歴史とは思い出である

小林秀雄は、明治三十五年（一九〇二）に東京に生まれました。

昭和三年（一九二八）に東京帝国大学文学部仏蘭西《フランス》文学科を卒業した小林は、文芸評論家として世に立ちました。フランスの文学哲学思想を基礎とした小林の評論は斬新《ざんしん》で評判となりました。

昭和七年に三十歳の小林は明治大学に新設された文芸科の講師になりました。当初教えたのは文学概論《がいろん》とフランス語でした。三年目の小林の講義の題目は、専門のフランス文学を離れた「ドストエフスキイ研究」でしたので、学生を驚かせましたが、その二年後にはさらに学生を驚かせました。講義の題目が「日本歴史」とあったからです。

では、〝歴史〟という言葉を聞くと、私たちは何を思い浮かべるでしょうか。

昭和十六年に小林は「歴史と文学」という、講演録に加筆した文章を発表し、その中で次のように語っています。
「学校で初歩の歴史を教へ《え》てゐ《い》るので、まことに貧しい経験でありますが、自分の経験で、痛感してゐ《い》るところをお話ししようと思ひ《い》ます。何を痛感してゐ《い》るかと言ふ《う》と、それは学生諸君《しょくん》が、歴史といふ《う》ものに対して、まことに冷たい心を持つ《っ》てゐ《い》るといふ《う》事なのであります。僕の教へ《え》てゐ《い》る学生諸君は、皆、小学校中学校で、歴史は学んで来た筈《はず》なのだが、すつ《っ》かり忘れてゐ《い》る。出来るだけ正確に諳記《あんき》せよと言は《わ》れて来た事は、要するに間もなく忘れて了へ《しまえ》と命令されて来た様なものだから、まことに無理もない話だとは思ふ《う》のですが、扨《さ》て、歴史の授業の詰《つま》らなさをもうさんざん教へ《え》込まれて、教室に這入《はい》つ《っ》て来る学生諸君の顔を見ては、彼等の歴史に関する興味をどうしたら喚起《かんき》出来るか、非常に難儀《なんぎ》に思ひ《い》ます」

　この今から七十年も前の文章は、読む者を驚かせます。平成の私たちも同じだからです。小林も「一つ《っ》ぺんでも歴史は面白いものだと教へ《え》られた事はない」、また、「歴史といふ《う》言葉の代りに諳記物といふ《う》言葉を使つ《っ》てゐ《い》た」と、自らが受けた歴史の授業を振り返っていますから、わが国は百年以上も「諳記物」としての歴史の授業を、反省することもなく繰り返してきたのです。つまり、百年以上も前から、日本人は自国の歴史に「冷たい心を持つ」ように仕込《しこ》まれているのです。

歴史とは何か。小林は、歴史は思い出である、と語っています。上手に思い出すことが歴史を知ることになるのです。

◇〝思い出す〟という智慧《ちえ》

小林本人が、上手に思い出したと後《のち》に思った実際の体験を「無常といふ《う》事」という文章に書いています。昭和十七年の夏のある日、小林は、比叡山《ひえいざん》に行き、今の大津《おおつ》市坂本の山王権現《さんのうごんげん》の辺りを、青葉やら石垣やらをぼんやり眺めながら、うろついていました。そのとき、突然に、以前に読んで好《い》い文章だなと思った文章が小林の胸中に浮かびました。それは、鎌倉時代の末か、南北朝《なんぼくちょう》の時代に成《な》ったといわれる『一言芳談抄《いちごんほうだんしょう》』の次の文章です。

「或云《あるひといわく》、比叡の御社《みやしろ》に、いつはり《わ》てかんなぎのまねしたるなま女房の、十禅師の御前にて、夜うち深《ふ》け、人しづ《ず》まりて後、ていとうていとうと、つづみをうちて、心すましたる声にて、とてもかくても候《そうろう》、なうなう《のの》とうたひ《い》けり。其《その》心を人にしひ《い》問はれ《わ》て云《いわく》、生死《しょうじ》無常の有様を思ふ《う》に、此《この》世のことはとてもかくても候。なう《の》後世《ごせ》をたすけ給へ《たまえ》と申すなり。云々《うんぬん》」

（現代語訳―ある人が次のような話をした。比叡山のふもとの日吉《ひえ》神社（山王権現）にて、偽《いつわ》って巫女《みこ》のまねをした若い女性が、十禅師という社《やしろ》の前で、夜がふけて人が寝静まった後に、ていとうていとうと鼓《つづみ》を打って、心が澄《す》んだような声で「とてもかくても候」と祈っていた。それを聞いた人が強いてその心を問うたとき、その若い女性は、「この世のはかなさを思うにつけ、この世のことはどうなろうと構わないのです。ただただ死んだ後をお救い下さいと、お願いしているのです」と答えた）

六百五十年ほど前の文章が「文の節々《ふしぶし》が、まるで古びた絵の細勁《さいけい》な描線《びょうせん》を辿《たど》る様に心に滲《し》みわたつ《っ》た」と小林はその全身を震《ふる》わせられた感動を綴《つづ》っています。そして、「文の節々」が名工によって彫《ほ》られた鑿《のみ》の迹《あと》のように感じられる、また音楽の調べが感じられるとも表現したくなる、小林の文が続きます。

「僕は、ただある充《み》ち足りた時間があつ《っ》た事を思ひ《い》出してゐ《い》るだけだ。自分が生きてゐ《い》る証拠だけが充満し、その一つ一つがはつ《っ》きりとわかつ《っ》てゐ《い》る様な時間が。無論、今はうまく思ひ《い》出してゐ《い》るわけではないのだが、あの時は、実に巧《たく》みに思ひ《い》出してゐ《い》たのではなかつ《っ》たか。何を。鎌倉時代をか。さ《そ》うかも知れぬ。そんな気もする」（『無常といふ《う》事』）

歴史を学び知るとは、「生きてゐる証拠だけが充満し、その一つ一つがはつきりとわかつてゐる様な時間」を思い出すことなのです。僕ら人間に、ひとしく天から授けられた〝思い出す〟という智慧《ちえ》が「生死無常」の苦しさから僕らを救うのです。歴史という学問はあらゆる学の基本なのです。

歴史とは何か、という小林の問いは、十二年余をかけて昭和五十二年に完成した大著『本居宣長《もとおりのりなが》』と、それから四年半を費やした『本居宣長補記』に尽くされています。翌昭和五十八年に小林は八十歳で世を去りました。

【偉人をしのぶ言葉】

「建武中興《けんむのちゅうこう》なら建武中興、明治維新なら明治維新といふ様な歴史の急所に、はつ《っ》きり重点を定めて、其処《そこ》出来るだけ精《くわ》しく、日本の伝統の機微《きび》、日本人の生活の機微に渉《わた》つ《っ》て教へ《え》る、思ひ《い》切つ《っ》てさう《そ》いふ《う》事をやるがよい。学生の心といふ《う》ものは、人生の機微に対しては、先生方の考へ《え》てゐ《い》るより、遙《はる》かに鋭敏《えいびん》なものである。人生の機微に触れて感動しようと待ち構へ《え》てゐ《い》る学生の若々しい心を出来るだけ尊重しようと努める事だ。さう《そ》すれば、学生の方でも、諳記しようにも諳記が不可能になります」

（小林秀雄著『歴史と文学』）

〈参考文献〉

小林秀雄著『小林秀雄全集』第六巻、第七巻　新潮社／同『新訂　小林秀雄全集』別巻Ⅱ　新潮社／同『考えるヒント3』文春文庫／森下二郎校訂『一言芳談抄』岩波文庫

信念と責任感に生きた帝国海軍大将

13 山本五十六

やまもと・いそろく／一八八四〜一九四三／新潟県生まれ

◇肌身で知った日米の国力差

わが国は、昭和十六年（一九四一）にアメリカとイギリスに対して宣戦布告《せんせんふこく》し、昭和二十年まで、国家の命運を懸《か》けて戦いました。この戦争を「大東亜戦争」と呼びます。開戦すべきか否《いな》かをめぐって多くの議論が戦わされ、戦争を主張する人も多くいましたが、日本とアメリカの国力の違いを正しく理解し、対米開戦を回避しようとした人たちもいました。その中の傑出《けっしゅつ》した一人が山本五十六海軍大将です。

山本五十六は、早くから帝国海軍軍人を目指し、海軍兵学校に進みました。海軍兵学校とは、将来、海軍士官（将校）となるべき人材を訓育した海軍の学校です。

砲術を専門とした山本の目を強く空へ向けさせたのは、大正八年（一九一九）から十年にかけてと、大正十五年から昭和三年にかけての二度のアメリカ勤務でした。

一回目の在米大使館駐在員としてのアメリカ生活を終えて帰国したとき、山本はすでに航空軍備の将来性について、かなり明確な考えを持つようになっていました。

帰国して間もなく海軍大学校の教官になると、山本は、当時としては少し奇抜《きばつ》すぎるほどの意見を学生たちに講述して聞かせました。それは、「石油なくして海軍なし」ということと、「飛行機の将来性は、一般の人が考えているよりずっと大きい。航空軍備に対して目を開け」ということでした。

その後、大正十二年に山本は九カ月の欧米視察旅行に出かけています。そこで彼は、常に国際的視野で日本の現状を見るという習慣を身につけました。

「デトロイトの自動車工業とテキサスの油田を見ただけでも、日本の国力で、アメリカ相手の戦争も、建艦競争も、やりぬけるものではない」という冷静にして合理的なものの考え方をするようになっており、かつ、世界が今、石炭と鉄の時代から次第に石油と軽金属（あるいは航空機）の時代に移りはじめていることを、肌身で感じ取るようになっていたのです。

二回目の在米大使館付《づき》武官としてのアメリカ生活の後、昭和三年に航空母艦「赤城《あかぎ》」の艦長となった山本は、厳しい訓練を課してパイロットらを鍛えに鍛え、強い部隊の育成に努めました。

◎戦争回避の断固たる態度

昭和十一年十二月に、山本は海軍の副大臣に当たる次官《じかん》に任官しました。二・二六事件（陸軍将校によるクーデター）が起こり、また、ドイツとの間に「日独防共協定《にちどくぼうきょうきょうてい》」が締結された年です。翌年の七月には日支事変《にっしじへん》（日中戦争ともいう）が起こり、治まる見込みが立たないという情勢にありました。

昭和十三年頃から、ドイツ、イタリアと日本の間に新しい同盟、日独伊三国軍事同盟を結ぼうとする動きが始まり、陸軍を中心とした締結推進派と反対派との間で激しい攻防が繰り広げられました。当時の世界情勢下で、ドイツ、イタリアと軍事同盟を結ぶか否かは、海軍として米英との戦争を覚悟するか否かにかかわってくる大変重大な問題で、海軍としては米内光政《よないみつまさ》海軍大臣以下、反対でした。アメリカが最も嫌っているドイツとイタリアと手を結べば、日本は対米戦争の危険が増大するだけで、ほかにどんな良いこともありません。「これじゃあ戦争になる。アメリカと戦争になる」と、山本は危機感をあらわにして言っていたそうです。

昭和十四年の一月から八月までの間に、平沼騏一郎《ひらぬまきいちろう》内閣において、この問題について七十回を超える閣僚《かくりょう》会議が繰り返されました。山本は、米英との戦争を回避するための論陣を張り、次官として米内海軍大臣を支えました。断固戦争を回避しようとするその揺《ゆ》るがぬ姿勢に、「海軍は腰抜けではないか」、「その最たる者が山本次官である」と世間で言われるようになりました。

この頃、同盟の締結に賛成する急進派などから山本に多くの脅迫状《きょうはくじょう》が届いています。その内容は、辞職勧告や辞職要請であり、中には「すぐにでも命を取るぞ」といったような斬奸状《ざんかんじょう》（悪者を斬《き》るについてその理由を書いた文書）までありました。その年の八月二十一日、独ソ不可侵条約が急遽《きゅうきょ》締結されたことから、当時の平沼内閣が総辞職し、三国同盟問題はいったん棚上げとなりますが、翌十五年九月、第二次近衛文麿《このえふみまろ》内閣において締結されることになりました。

山本は、平沼内閣の総辞職に伴って、海軍次官から帝国海軍連合艦隊司令長官へと転任し、自ら回避に努力した対米英戦を指揮官として戦うことになったのです。

◎最も反対した戦争で最も勇敢に戦った

連合艦隊司令長官の職責は、どのように戦って戦争に勝つか、ということです。短期決戦で戦勝すれば、早期講和にもつながります。

日独伊三国同盟の締結も一因《いちいん》となってアメリカとの関係が悪化していく中、山本は、自らが育てた海軍航空部隊の力を存分に発揮して緒戦《しょせん》の一撃で勝利すべく、真珠湾《しんじゅわん》攻撃作戦を立案して、対米交渉が継続されている最中にも徹底して訓練を行いました。

日本政府の懸命の努力の甲斐《かい》なく対米交渉が行き詰まった昭和十六年十二月八日、ついに開戦の火蓋《ひぶた》が切られます。訓練に訓練を重ねた帝国海軍は、被害をほとんど受けないままに真珠湾攻撃に成功しました。

これに続いて当初は勝ち進みましたが、ミッドウェー海戦（昭和十七年六月）において敗北し、それ以降の作戦は苦戦を強いられることとなりました。

厳しい戦況の中、山本は、前線で奮闘《ふんとう》する将兵を直接激励したいとの思いで、危険を伴うとされた前線《ぜんせん》の現地視察を敢行《かんこう》します。そして飛行機による移動の途上《とじょう》、アメリカ軍の戦闘機から攻撃を受けて戦死しました。享年《きょうねん》五十九。南太平洋ソロモン諸島のブーゲンビル島の上空でのことでした。

アメリカの国力を正確に把握し、アメリカとは戦端《せんたん》を開くべきではないとの信念から、対米英戦の回避に努力の限りを尽くした山本五十六大将でしたが、いったん連合艦隊司令長官に任命されるや、その職責を果たすために、一命を賭《と》して戦勝に努力したその生涯は、国際的視野に立った洞察力《どうさつりょく》に基づく信念と、帝国海軍軍人としての責任感とに満ち溢《あふ》れたものであったといえるでしょう。

【偉人をしのぶ言葉】

昭和十五年元旦　旗艦艦上作（山本五十六）
日《ひ》の本《もと》の　海の護《まも》りの　長《おさ》として　けふ《きょう》の朝日を　あふ《お》ぐかしこさ

「男の修行
苦しいこともあるだら《ろ》う。
云《い》ひ《い》度《た》いこともあるだらう。
不満なこともあるだらう。
腹の立つこともあるだらう。
泣き度《た》いこともあるだらう。
これらをじつ《っ》とこらへ《え》てゆくのが男の修行である」
（「山本五十六元帥遺訓」）

〈参考文献〉
阿川弘之著『山本五十六』新潮文庫／反町栄一著『人間山本五十六』光和堂

大相撲史に輝く六十九連勝を達成した大横綱

14 双葉山

ふたばやま／一九一二～一九六八／大分県生まれ

◇稽古一筋でハンディに打ち勝つ

国技《こくぎ》である相撲《すもう》の歴史で最長の連勝記録を持つ力士は、名横綱《よこづな》と呼ばれた双葉山です。平成二十二年（二〇一〇）に横綱白鵬《はくほう》が六十三連勝して、双葉山の六十九連勝に迫りましたが及ばず、その記録は七十五年後の今日まで輝いています。

双葉山の本名は穐吉定次《あきよしさだじ》、大正元年（一九一二）に大分県宇佐《うさ》に生まれました。子供の頃に母や兄妹を亡くし、父が海運業に失敗したため、定次少年はひとり、舟の櫓《ろ》を漕《こ》いで貧しい家計を助けました。そうして鍛えた足腰と培《つちか》った忍耐力は、後年の力士としての基礎づくりに大いに役立ちました。定次少年は六歳のときに誤って右目を傷つけ、次第にその目のかすみは強くなり、のちにはほとんど失明に近かったといわれます。しかし、双葉山は力士時代にはそれを誰にも話さないまま通したのでした。

村相撲で怪童《かいどう》と呼ばれた定次少年は、地方巡業《じゅんぎょう》に来ていた親方に才能を認められて、十六歳で大相撲の立浪《たつなみ》部屋に入門します。まだ体格の小さかった双葉山は、朝は誰よりも早く真っ暗なうちに起きて稽古《けいこ》に励みました。十両への昇進を十九歳で、幕内《まくうち》昇進を二十歳で果たしました。負け越しが続いて苦境に立つこともありましたが、ただ稽古一筋《ひとすじ》で立ち直り、小結《こむすび》まで昇進しました。しかし、どうしても勝てない人がいました。横綱玉錦《たまにしき》です。

昭和十一年（一九三六）の一月場所、またしても玉錦に敗れた双葉山でしたが、それから後の取り組みを勝ち進み、翌五月場所には関脇《せきわけ》に昇進しました。この場所は初日から一敗もせずに勝ち進み、七日目に当時二十七連勝中であった玉錦と対戦し、ついに横綱を破り、はじめての全勝優勝を果たしたのです。

昭和十二年は一月場所、五月場所ともに無敗で優勝して横綱へ昇進。翌昭和十三年も全勝は続きました。現在は十五日間の本場所が一年に六場所行われますが、この当時は年に二場所しかなく、しかも昭和十二年一月場所までは十一日間、以後は十三日間と短かったのです。本場所は双葉山の連勝で大いに盛り上がり、この連勝がいつまで続くか、誰が双葉山を破るかと連日満員の盛況《せいきょう》でした。

江戸時代の関取《せきとり》である谷風《たにかぜ》の六十三連勝を百五十年ぶりに抜き、昭和十四年の一月場所を迎えました。場所前に巡業で赤痢《せきり》にかかり、体重が激減して不調だった双葉山ですが、玉錦が急死した後の一人横綱としての責任もあり、本場所に向かいました。それでも勝ち進んで三日目で六十九連勝を達成。翌日四日目の対戦相手は前頭《まえがしら》の安藝海《あきのうみ》でした。

◇我未《われいま》だ木鶏《もっけい》足りえず

双葉山の組み手は右四つで右足を前に出す変則であり、それは彼の不自由な右の視力をかばうために生まれたといわれますが、安藝海はその右足にうまく外掛《そとが》けをかけました。双葉山はすくい投げを打ちましたがこらえきれず、ついに土俵上に倒されたのです。満員の観衆から大きなどよめきが沸《わ》き上がり、ラジオ放送は「双葉山、敗れる」を繰り返しました。敗れた後の双葉山は、いつもと変わらぬ静かな表情で土俵を降りたといいます。そして尊敬する師と友人に電報を送りました。「ワレイマダモッケイタリエズ」（我未《われいま》だ木鶏《もっけい》足《た》りえず）

木鶏とは、『荘子《そうし》』にある寓話《ぐうわ》で、真に強い闘鶏《とうけい》は、まるで木彫りの鶏《とり》のように何事があろうとも悠然《ゆうぜん》として動かぬという教えです。木彫りの鶏は、自分の強さを誇示したり、闘志をむき出しにしたり、勝つための小細工を弄《ろう》するなど、そんな欲の一切を持たずに、無心のままに乱れず騒がず、威《い》をもってただそこにいる。双葉山は敗戦を振り返り、そのような木鶏の境地に達していない自らの心情を告白したのでした。

次の場所から再び双葉山の連勝が始まりました。双葉山は、立ち合いは常に受けて立ちながら相手の動きをただちに制し、徐々に自分の形をつくって相手を破るという「後手《ごて》の先《せん》」という型を編み出しました。片目が見えなかった双葉山は、目に頼らない立ち合いを身につけ、やがて「体全体で見る」、「心で見る」という「心身一如《しんしんいちによ》」の境地を自分のものとします。「心技体《しんぎたい》」の極致《きょくち》を求めた一筋の努力があったからこそ、不世出《ふせいしゅつ》の名横綱は生まれたのでした。

双葉山は引退後、時津風《ときつかぜ》部屋を盛んにし、やがて相撲協会理事長として戦後の大相撲の興隆《こうりゅう》に尽くし、昭和四十三年に病歿《びょうぼつ》しました。享年《きょうねん》五十七。

【偉人をしのぶ言葉】

「双葉山関が相撲協会の時津風理事長となられていた時代、直接ご本人から〝木鶏〟のお話をお聞きしたことがあります。（中略）この方はこういう境地を目指しながら淡々《たんたん》と土俵を務めたのだと思って、あまりの気高さ、理想の高さに身震《みぶる》いがする思いがしました」

（第四十八代横綱 大鵬《たいほう》「対談『吾、相撲の道を極めん』」月刊『致知』平成二十三年十一月号）

〈参考文献〉
双葉山定次著『双葉山定次―相撲求道録』日本図書センター

台湾で今も愛される日本人技師

15 八田與一

はった・よいち／一八八六〜一九四二／石川県生まれ

◇度肝を抜く壮大で独創的なダム建造

八田與一という人物をご存じでしょうか。日本ではあまり知られていませんが、台湾では中学生向けの教科書にも紹介されるほど有名な人物なのです。

八田は明治十九年（一八八六）二月二十一日、現在の石川県金沢市で生まれました。東京帝国大学で土木を学んだのち、当時日本の領土であった台湾で土木技師となり、〝烏山頭《うざんとう》ダム〟という巨大なダムを建設しました。当時のアジアでは最大の灌漑《かんがい》事業で、このダムの水によって潤《うるお》った土地は香川県とほぼ同じ広さに当たる約十五万ヘクタール、水路の長さは地球の約半周分に当たる約一万六千キロメートルに達し、およそ六十万人の農民を救ったといわれています。

当時、台湾南部の嘉南《かなん》地方にはダムや用水路が整備されておらず、洪水と干ばつがしばしば起こったため、農業には不向きになった荒れ地が広がっていました。農民たちからの度重なる要望を受けた台湾総督府《そうとくふ》は、ダムの建設を検討しはじめます。また、農業用水の確保のためだけでなく、電力の確保や、電力を消費する製糖業《せいとうぎょう》や製塩業《せいえんぎょう》などの産業のためにもダムの建設が強く求められていました。

三十二歳の若さでこの計画に取りかかった八田は、徹底的な現地調査の末、烏山頭という場所にダムをつくることを考えます。新人時代から「大風呂敷《おおぶろしき》」と呼ばれていた八田が計画したダムは、周囲の度肝《どぎも》を抜く壮大で独創的なものでした。

◎日本人・台湾人の別ない家族同然の付き合い

まず、ダムの工法には「セミハイドロリックフィル方式」と呼ばれる当時最新のものを用いました。アジアで導入された例はなく、アメリカでもこれほど大規模なダムでは用いられたことがない方式でしたが、徹底的な研究を重ねた八田はこの工法が最善のものだと確信し、これを採用することを決断したのです。

また、当時は人力での工事が主流でしたが、いち早く大型土木機械を導入して工事を進めた点も独創的でした。工事全体の予算の約四分の一を機械の購入費用に充てようとする八田に対して、多くの人は反対しましたが、八田は「高い機械を導入することで工事の期間が短くなれば、それだけ早く農作物が収穫でき、金を生む。完成が早くなれば結果的に安上がりになる」と考え、機械による工事を進めたのです。

さらに、「よい仕事は安心して働ける環境から生まれる」と考えた八田は、工事現場に作業員が住むための村をつくり、商店や市場、野球場やテニスコートなどの娯楽《ごらく》施設、銭湯《せんとう》、学校、病院などを整備しました。作業員の生活だけでなく、その家族のことも考えての環境づくりでした。

八田自身も家族を呼び寄せてそこに住み、休みの間には作業員たちとゲームに興《きょう》じるなど、家族同然の付き合いをしました。日本人、台湾人の分け隔《へだ》てなく付き合い、人事や昇給も平等にした八田を、作業員たちも心から慕《した》いました。

◇今もダムを見守る銅像

大正九年（一九二〇）の建設開始から十年を経《へ》て、昭和五年（一九三〇）に烏山頭ダムは完成しました。その間、事故や病気などで百三十四人が亡くなりました。ダムのほとりに建てられた殉工碑《じゅんこうひ》には犠牲者とその家族の名前が日本人、台湾人の区別なく刻まれました。

烏山頭ダムにより、かつて不毛の地だった嘉南地方には水が行き渡り、台湾一の穀倉《こくそう》地帯へと変貌《へんぼう》を遂《と》げることになりました。また、灌漑によって水が行き渡った土地の値段が二倍にも三倍にもなり、嘉南地方の農民たちの生活は大きく向上しました。

八田はその後も土木技師として台湾や中国などの水利事業に携わりました。そして、フィリピンでのダム建設に従事するために現地に向かう洋上で、アメリカ軍潜水艦《せんすいかん》の魚雷攻撃を受けて、乗っていた船が沈没《ちんぼつ》し、殉職《じゅんしょく》を遂げました。昭和十七年五月のことです。八田の妻の外代樹《とよき》は、敗戦後日本人が台湾から引き揚げていく中で、夫が精魂込めてつくったダムから離れがたかったのか、ダムの放水路に身を投げて自ら命を絶ちました。八田夫妻の死を悼《いた》んだ嘉南地方の農民たちは、烏山頭ダムの見える小高い丘に二人の墓をつくりました。また、墓のすぐ側には物思いに耽《ふけ》りながらダムを見つめる八田の銅像が建立《こんりゅう》されました。

嘉南地方の人々の八田に対する敬意は今も変わることなく、八田の命日である五月八日には毎年欠かさず慰霊祭《いれいさい》が執り行われています。

【偉人をしのぶ言葉】

「誰もが八田さんを尊敬していたよ。なかでも本島人と呼ばれていた台湾人の作業員からは慈父《じふ》のように慕われていた。八田さんの元で働いたことを生涯の誇りだと思っていた人は数えきれないほどいるし、私たちもそうした思いを受け継いでいる」

（土地の古老の言葉／『世界が愛した日本2』）

〈参考文献〉

李登輝著『「武士道」解題　ノーブレス・オブリージュとは』小学館／蔡焜燦著『台湾人と日本精神《リップンチェンシン》―日本人よ胸をはりなさい』小学館文庫／産経新聞「日本人の足跡」取材班『日本人の足跡　世紀を超えた「絆」を求めて』産経新聞ニュースサービス／四條たか子著・井沢元彦監修『世界が愛した日本2』竹書房

ハンセン病患者に救いの手を差しのべられた皇后

16 貞明皇后

ていめいこうごう／一八八四〜一九五一

◇子供心に刻まれた悲しい思い出

ハンセン病は、かつては癩《らい》病と呼ばれ、古代から人々に恐れられた病でした。この病にかかった人は、皮膚や感覚神経が侵《おか》され、手の指や顔かたちが変形したり、時には失明したりして生活ができなくなるだけでなく、〝恐ろしい伝染病〟と考えられて人々から遠ざけられ、行くところもないままに悲惨《ひさん》な一生を送りました。

近年に至るまでわが国にもハンセン病の患者はたくさんいましたが、その多くが家族からも見放されて物乞《ものご》いのような生活を強いられてきました。

近代以後、この行き場のない人々を収容するために、全国に施設が少しずつ作られていきましたが、そのような中でとくに救いの手を差しのべられたのが、大正天皇のお后《きさき》、貞明皇后でした。

皇后さまは、このハンセン病に侵された人々を助ける道はないかと日頃からお考えでした。それは皇后さまが子供の頃に巡り会ったある女の子が、ハンセン病にかかり、あわれな姿になったという悲しい思い出をお持ちだったことによります。懐かしい土地を追われ、親しい人々とも一緒に暮らしていけない運命とは、何とむごいことかとお感じになられたのでしょう。

ハンセン病の治療法がまだ見つかっていない時代、できることは、それらの患者たちの生活を救うことしかありませんでした。以前からキリスト教の神父などが慈善事業としてハンセン病患者を救済していましたが、皇后さまはお若いときからその事業にも深く心を寄せておられたのです。

◇患者を慰める御心尽くしの楓《かえで》

昭和五年（一九三〇）にハンセン病に対する慈善事業が始まると、皇后さまは施設の医師や働く人々を励まし続けるとともに、患者のためにと御下賜金《ごかしきん》（皇室から渡されたお金）を毎年お送りになりました。そのお金はご自分の経費を節約して貯蓄なさったものでした。

さらに、昭和六年から九年頃にかけて皇居の庭に楓《かえで》の実生《みしょう》（種子から生《は》えること。また、その草木）の苗《なえ》をたくさんお育てになり、その苗を全国のハンセン病患者の施設にお配りになりました。その折《おり》に詠《よ》まれた御歌《みうた》（皇后陛下がお詠みになる歌）があります。

つれづれの　友となりて　なぐさめよ　ゆくことかたき　我にかはり《わ》て

「なすこともなく寂しい日々を送っている人々の友ともなって慰《なぐさ》めてほしい。行くことの難しい自分の代わりとなって」と、楓に向かって呼びかけられています。

皇居を出て見舞うのは皇后さまにとって現実にはなかなかできないことでしたが、自分に代わって病に悩む人々をこの楓の苗木が大きく育って慰めてくれたら、と祈るようなお心なのでした。

その楓の苗木はやがて成長し、今では全国のハンセン病の施設で大きな木々に育っているということです。秋ともなれば赤く染まった楓の葉は、病む人々の心をどんなにか慰めていることでしょう。

◇今日に伝わる皇室の伝統

貞明皇后は、その後ハンセン病の施設をたびたびご慰問《いもん》なさいました。隔離《かくり》されて誰も訪ねてはくれない境遇にあった患者たちにとって、皇后さまから慈愛のまなざしを注がれることは大きな喜びでした。感動の波は全国に広がっていきます。

その感動を歌に詠んだ歌人がいます。同じ病に侵され、瀬戸内海の島の施設に隔離されていた明石海人《あかしかいじん》です。

みめぐみは　言《わ》はまくかしこ　日の本の　癩者と生《あ》れて　われ悔ゆるなし

「皇后さまの御恵みはいうのももったいないほど畏《かしこ》い。癩の患者として生きるこの自分であるが、皇后さまのおられる日本の国に生まれることができたのだ。自分は悔いることはない」と、海人は苦難の中にありながらもその喜びを歌い上げたのでした。

貞明皇后はご病気がちであった大正天皇を支え、また摂政《せっしょう》となられた皇太子殿下（のちの昭和天皇）をはじめ四人の皇子《みこ》の成長を見守りつつ、困難な時代に国民に慈愛のまなざしを注ぎ続けてこられ、国民から〝母〟のように慕われました。そのお心はその後の皇后さま方にも引き継がれ、今の皇后さまへとつながっています。

平成二十年（二〇〇八）、皇后さまはハンセン病施設である多摩全生園《たまぜんしょうえん》をご訪問され、患者たちを慰問なさいました。皇后さまはハンセン病の患者に対しても、直接に手を取ってその話をお聞きになるとのことです。いつも世の中から遠ざけるように扱われている患者にとって、皇后さまのお姿はどれほど神々《こうごう》しく見えたことでしょう。

皇后さまはこのときの思いを御歌に詠みあげておられます。

めしひ《い》つつ　住む人多き　この園に　風運びこよ　木の香《か》花の香《か》

「めしひ」とは目が見えないことで、「視力を失った人が多く住むこの園に、風よ、運んできてほしい、木の香り、花の香りを」という歌です。病む人の感性と一つになろうと努め、思いやられるそのおやさしいお心に感動しない人はいないでしょう。

ハンセン病患者を慈《いつく》しまれる事業は、貞明皇后の前の昭憲《しょうけん》皇后（明治天皇のお后）、さらにさかのぼると奈良時代の光明《こうみょう》皇后にも見ることができます。静かに伝わる皇室の伝統、そこには国民を思う歴代の皇后さまの深い御心《みこころ》が宿っているのです。

【偉人をしのぶ言葉】

昭和天皇御製《ぎょせい》　貞明皇后崩御《ほうぎょ》

いでましし　浅間の山の　ふもとより　母のたまひ《い》し　この草木《くさき》はも　（昭和二十六年）

同　伊豆西海岸堂ヶ島にて

たらちねの　母の好みし　つはぶ《わ》きは　この海の辺に　花咲きにほふ《おう》　（昭和二十九年）

同　レデルライト記念養老院を訪ひて

母宮の　深きめぐみを　思ひ《い》つつ　老人たちの　幸《さち》いのるかな

（昭和三十三年）

〈参考文献〉

工藤美代子編著『母宮貞明皇后とその時代　三笠宮両殿下が語る思い出』中央公論新社／福田清人・木俣修ほか編著『貞明皇后』主婦の友社

「鎮守の森」を守った自然保護の先駆者

17 南方熊楠

みなかた・くまぐす／一八六七〜一九四一／和歌山県生まれ

◇超人的な知的エネルギー

世界的に森林面積が減少し続け、地球環境の保全が国際社会の緊急課題となりつつある今日、日本でも森林資源の重要さが見直されはじめています。古来、私たち日本人の祖先は、郷土の森林を「鎮守《ちんじゅ》の森」と呼び、大切に守り育ててきました。鎮守の森には小さな神社が立てられ、産土神《うぶすながみ》が祭られています。そこは、自然と人間が神々への祈りを通して交流する場であり、郷土の心のふるさとでもあったのです。

こうした「鎮守の森」を、命をかけて守ろうとした人物がいました。日本における自然保護運動の先駆者ともいうべき世界的博物学者の南方熊楠です。

熊楠は、慶応《けいおう》三年（一八六七）に和歌山城下橋町で鍋屋《なべや》（金物商）を営む南方弥兵衛《みなかたやへい》とその妻スミの次男として生まれました。幼少の頃から抜群の記憶力を持ち、読書したものを入念に記録する習慣を早くから身につけました。一方、昆虫や植物の採集のために、一日に二十里（八十キロ）も山野を歩き回るなど、人間業とは思えないほどの健脚であったといいます。抜群《ばつぐん》の記憶力、旺盛《おうせい》な好奇心と活動力、そのいずれもが人並み外れた、まさに「超人的」というべきものでした。

彼の活躍の場は海を越えます。二十歳で渡米し、植物採集で各地を巡り、菌類《きんるい》の研究に没頭する日々を送りました。さらに世界各地を渡り歩き、植物学や民俗学の知識を習得しました。彼は十八カ国語に通じていたといいます。

二十六歳のときにはイギリスに渡り、ロンドンの大英博物館に足繁《しげ》く通いました。そのロンドンで彼の名は一躍《いちやく》知られるようになりました。論文がイギリス第一の自然科学誌「ネイチャー」に掲載され、注目を浴びたからです。

熊楠は、当時第一流の日本通であった国立ロンドン大学事務総長フレデリック・ヴィクター・ディキンズと出会い、長く親交を結ぶことになります。ディキンズは若い頃日本に滞在し、浄瑠璃《じょうるり》から動植物までも世界に紹介し、日本協会の理事にもなった人でした。そのディキンズと熊楠は、ディキンズ自身が英訳した『竹取物語』の記述をめぐって激論を交わしたことがありました。正々堂々と議論して一歩も譲らぬ熊楠の面魂《つらだましい》はディキンズを感服させたといいます。のちにディキンズは熊楠を、「南方は、予《よ》（私）が見たる日本人中で最も博学で剛直無偏《ごうちょくむへん》の人」と賞讃《しょうさん》しています。

近年の研究で熊楠は、発達障碍《はったつしょうがい》の一つ、アスペルガー症候群《しょうこうぐん》だったといわれますが、その疾患《しっかん》をむしろ長所へと転換して大成したことは、私たちの見習うべき点といっていいでしょう。

◇昭和天皇に偲ばれた偉業

明治三十三年（一九〇〇）に帰国した熊楠は「粘菌《ねんきん》」の研究論文を発表し続けます。「粘菌」とは、森の中などの暗く湿った場所の古木等に腐生《ふせい》し、アメーバ運動を行う原生動物です。熊楠は「粘菌」の研究を通して、「鎮守の森」の偉大さに目をみはりました。そこには、さまざまな生物からなる生態系そのものが生き生きと息づいていたからです。彼は「鎮守の森」の保存に精力を傾ける一方で、学者の柳田国男《やなぎだくにお》らと交流し、自然とともに暮らす人々の伝統的な生活文化に注目して、民俗学創設にも寄与しました。

熊楠の超人的なエネルギーと愛国の至情は留まることを知りませんでした。明治三十九年、一町村一社を基準に全国の産土神社を整理統合しようとする神社合祀《ごうし》の政策が推進されることになりました。この政策を許せば、全国の「鎮守の森」の多くが失われることになります。熊楠は敢然《かんぜん》として立ち上がりました。神社合祀がいかに弊害《へいがい》をもたらすかを「神社合祀に関する意見」（明治四十五年二月）で次のように述べています。

「かくのごとく神社合祀は、第一に敬神《けいしん》思想を薄《うす》うし、第二、民の和融《わゆう》を妨《さまた》げ、第三、地方の凋落《ちょうらく》を来たし、第四、人情風俗を害し、第五、愛郷心と愛国心を減じ、第六、治安、民利を損じ、第七、史跡、古伝を亡ぼし、第八、学術上貴重の天然記念物を滅却《めっきゃく》す」

大正九年（一九二〇）貴族院で神社合祀無効が決議されるまで、熊楠はいかなる非難や中傷にも屈せず、果敢な運動を続けたのでした。

なかでも心血を注いだのは、和歌山の田辺湾《たなべわん》に浮かぶ「神島」の自然保護でした。昭和四年（一九二九）六月一日、昭和天皇の南紀行幸《なんきぎょうこう》に際し、ご進講を行うという栄誉《えいよ》を担うことになったのです。熊楠は、神島でお迎えし、その後お召《め》し艦上で、神島の植物生態と粘菌学等についてご進講を行い、さらに粘菌標本百十種を粗末《そまつ》なキャラメルの箱に入れて、昭和天皇に献上《けんじょう》しました。このときの感激を、熊楠は次のように歌に詠《よ》んでいます。

一枝《ひとえだ》も　心して吹け　沖つ風　わが天皇《すめろぎ》の　めでましし森ぞ

（現代語訳―神島の木々の一枝もいためることのないよう、注意して吹いてくれ、沖の風よ。この島の森は、天皇陛下が心から慈《いつく》しまれた森であるぞ）

神島は熊楠の努力が実り、昭和十一年に史跡名勝《しせきめいしょう》天然記念物に指定され、今日も緑深い森林に覆《おお》われているといいます。熊楠は昭和十六年に亡くなりましたが、昭和三十七年五月、昭和天皇は再び南紀に行幸され、神島を親しくご覧になり、熊楠の人柄と偉業を偲《しの》ぶ次の御製《ぎょせい》をお詠《よ》みになりました。

【偉人をしのぶ言葉】

昭和天皇御製　紀州白浜の宿にて

雨にけぶる　神島を見て　紀伊の国の　生みし南方　熊楠を思ふ《う》

〈参考文献〉
笠井清著『南方熊楠』人物叢書　吉川弘文館／中沢新一編『森の思想』（南方熊楠コレクション5）』河出文庫ペーパーバック／山田輝彦著『短歌のこころ』日本青年協議会／鶴見和子著『南方熊楠―地球志向の比較学』講談社学術文庫

農民と共に生きた詩人・童話作家

⑱宮沢賢治

みやざわ・けんじ／一八九六～一九三三／岩手県生まれ

◇愛する妹の死

宮沢賢治は、大正十年（一九二一）、二十五歳のときに故郷の岩手県立花巻《はなまき》農学校（現在の岩手県立花巻農業高等学校）の教師となりました。生家は代々古着屋と質店を営み、父親は家の仕事を継がせるつもりでいましたが、賢治に家業を継ぐ意思はありませんでした。

盛岡高等農林学校（現在の岩手大学）で学んだ地質や土壌《どじょう》、肥料に関する知識を生かすために教師となった賢治は、農家の子供たちに英語、代数などの普通教科とともに農産製造、土壌、肥料、気象といった農業に関する科目を教えました。また、教師となる前から童話の創作に取り組んでおり、農学校においても自作の劇「飢餓《きが》陣営」や「ポランの広場」などを生徒に教え上演しました。

教育に情熱を傾ける賢治を悲しい出来事が襲《おそ》いました。二歳年下の妹トシの死です。トシは肺結核《はいけっかく》を患《わずら》い、自宅で療養《りょうよう》していましたが、治療の効なく大正十一年十一月に亡くなりました。二十四歳でした。愛する妹を失った深い悲しみを賢治は詩に表現しました。

永訣《えいけつ》の朝

けふ《きょう》のうちに
とほ《お》くへいってしまふわたくしのいもうと《う》とよ
みぞれがふっておもてはへんにあかるいのだ
（あめゆじゅとてちてけんじゃ）
うすあかくいっそう陰惨《いんざん》な雲から
みぞれはびちょびちょふってくる
（あめゆじゅとてちてけんじゃ）
青い蓴菜《じゅんさい》のもやう《よ》のついた
これらふたつのかけた陶椀《とうわん》に
おまへ《え》がたべるあめゆきをとらう《ろ》として
わたくしはまがったてっぽう《ぽ》だまのやう《よ》に
このくらいみぞれのなかに飛びだした
（あめゆじゅとてちてけんじゃ）

蒼鉛《そうえん》いろの暗い雲から
みぞれはびちょびちょ沈んでくる
ああとし子
死ぬといふ《う》いまごろになって
わたくしをいっしゃう《よ》あかるくするために
こんなさっぱりした雪のひとわんを
おまへ《え》はわたくしにたのんだのだ
ありがたう《と》わたくしのけなげないもうとよ
わたくしもまっすぐにすすんでいくから

（後略）

臨終《りんじゅう》にトシが発した最後の願いは、「あめゆじゅとてちてけんじゃ」（「雨雪を取ってきてください」）でした。賢治は熱にあえぐ妹の喉《のど》の渇きを潤《うるお》すために、慌《あわ》てて外に飛び出すのですが、やがて妹の願う「雪のひとわん」（雪を入れた一つの碗《わん》）は実は自分の一生を明るくするためのものであることに気づきます。そして、悲しみの中で自分の信じる道をしっかりと歩んでいくことを誓《ちか》うのです。

◇農民のために農民と共に

昭和元年（一九二六）、賢治は四年六カ月勤めた花巻農学校を自ら退職しました。生徒に卒業後農業をやるように強く勧める一方で、自分は教師という立場に甘んじていることに耐えられなくなったのです。そして、トシに誓ったとおり、農民のために農民とともに生きる道を真っ直《ます》ぐに進んでいく決意をしたのです。

賢治は宮沢家の別宅を改築し「羅須地人協会《らすちじん》」を設立。独居自炊《どっきょじすい》の生活を送りながら、農業支援の活動を開始しました。昼間は農作業に従事し、近くの村に出かけて、農事講演を行ったり、多くの農民から肥料の相談を受けたりしました。夜は、農民たちでつくった楽団の演奏練習や童話の語り聞かせなどを行いました。農民の忙しくつらい仕事に追われる生活に少しでも明るさと生きる喜びを生み出そうと懸命《けんめい》な努力を続けたのです。農民とともに稲作に必死に取り組む賢治の思いは、詩「稲作挿話《そうわ》」に美しく結晶しています。

稲作挿話（作品第一〇八二番）

あすこの田はねえ
あの種類では窒素《ちっそ》があんまり多過ぎるから

もうきっぱりと灌水《みず》を切ってね
三番除草はしないんだ
……一しんに畦《あぜ》を走って来て
　青田のなかに汗拭《ふ》くその子……
（中略）
しっかりやるんだよ
これからの本統《ほんとう》の勉強はねえ
テニスをしながら商売の先生から
義理で教《わ》はることでないんだ
きみのやうにさ
吹雪やわづ《ず》かの仕事のひまで
泣きながら
からだに刻んで行く勉強が
まもなくぐんぐん強い芽を噴《ふ》いて
どこまでのびるかわからない
それがこれからのあたらしい学問のはじまりなんだ

ではさやうなら
……雲からも風《よ》からも
透明な力が
そのこどもに
うつれ……

（『春と修羅』第三集）

◇雨ニモマケズ

昭和三年の東北地方の夏は干ばつが四十日以上も続き、農作物が全滅するという凶作《きょうさく》に見舞われました。賢治は自分が肥料設計を行った稲が倒れないようにと疲れた体に鞭《むち》打ち、農作指導に奔走《ほんそう》しました。その無理がたたり、高熱を発して四十日間病《やまい》の床《とこ》に伏《ふ》しました。肺結核との診断でした。

貧しい食事に耐えながら激しい労働に従事したために、衰弱《すいじゃく》した賢治の体は、元の健康を取り戻すことはありませんでした。一時回復し、東北砕石《さいせき》工場の技師として働くものの、東京に出張したときに再び高熱を発して倒れました。昭和八年、容態が悪化。死の前日まで農民の肥料相談などに丁寧《ていねい》に応じました。

まさに農民のためにわが身を捧《ささ》げた一生でした。歿後《ぼつご》発表された『銀河鉄道の夜』などの創作は英訳、仏訳もされて多くの人々に感動を与えています。

【偉人をしのぶ言葉】

「雨ニモマケズ／風ニモマケズ／雪ニモ夏ノ暑サニモマケヌ／丈夫《じょうぶ》ナカラダヲモチ／慾《よく》ハナク／決シテ瞋《いか》ラズ／イツモシヅカニワラッテヰ《い》ル／一日ニ玄米四合ト／味噌《みそ》ト少シノ野菜ヲタベ／アラユルコトヲ／ジブンヲカンジョウニ入レズニ／ヨクミキキシワカリ／ソシテワスレズ／野原ノ松ノ林ノ陰《かげ》ノ／小サナ萓《かや》ブキノ小屋ニヰ《い》テ／東ニ病気ノコドモアレバ／行ッテ看病シテヤリ／西ニツカレタ母アレバ／行ッテソノ稲ノ束《たば》ヲ負ヒ《い》／南ニ死ニサウ《そ》ナ人アレバ／行ッテコハ《わ》ガラナクテモイヽ《い》トイヒ《い》／北ニケンクヮ《か》ヤソショウガアレバ／ツマラナイカラヤメロトイヒ《い》／ヒドリ（ヒデリとも）ノトキハナミダヲナガシ／サムサノナツハオロオロアルキ／ミンナニデクノボートヨバレ／ホメラレモセズ／クニモサレズ／サウ《そ》イフモノニ／ワタシハナリタイ」

（宮澤賢治「手帳」）

〈参考文献〉
『宮澤賢治全集』筑摩書房／草野心平編『宮沢賢治詩集』新潮文庫／山内修編著『年表作家読本　宮沢賢治』河出書房新社／『群像日本の作家12　宮沢賢治』小学館

初の政党内閣を成立させた平民宰相《さいしょう》

⑲原　敬

はら・たかし／一八五六～一九二一／岩手県生まれ

◇近代国家に向けた積極主義政策

原敬は、安政《あんせい》三年（一八五六）、盛岡藩士の原直治、リツの次男として現在の盛岡市本宮に生まれました。司法省法学校を中退し、報知社（現在の報知新聞社）を経《へ》て外務省に勤務（清国天津《テンシン》領事やパリ公使館在勤）します。フランス語が得意でした。陸奥宗光《むつむねみつ》が外務大臣のとき、外務次官などを歴任し、その後大阪毎日新聞社社長となり、明治三十五年（一九〇二）、四十六歳で衆議院議員に初当選します。

内務大臣などを経て大正七年（一九一八）、立憲政友会《りっけんせいゆうかい》を基礎とする日本で初の政党内閣を組織したことで、原敬の名は日本の歴史に永遠に刻まれることになりました。政党内閣は原が若き日より志していたものだったのです。

時代は明治維新から半世紀後で、かねてからの「殖産興業政策《しょくさんこうぎょう》」が国民に広く行き渡りはじめた頃でした。原は鉄道、港湾《こうわん》、道路、学校、病院などの近代的施設を次々に建設し、国力の発展、国民の福利の増進を図り、軍備の充実にも力を尽くしました。既存《きぞん》の帝国大学などに加えて、工業、商業、農業などの官立専門学校二十九校、官立医学専門学校五校が地方都市に分散設置されるなど、高等教育機関が一挙に増設されたのは、原内閣のもとでのことでした。

またこの時期、慶應義塾《けいおうぎじゅく》、早稲田、明治、法政、中央、日本、國學院《こくがくいん》、同志社などの私立専門学校が大学として認可されています。第一次世界大戦（一九一四～一八）による輸出急増で、税収が伸びたことも原内閣のこうした積極主義政策に追い風として吹いたのでした。

また、多くの異論のある中で、当時の皇太子裕仁《ひろひと》親王殿下（のちの昭和天皇）のヨーロッパ御外遊《がいゆう》を推進したほか、大正八年には選挙権の納税資格を引き下げる（「直接国税十円以上納める男子」から「三円以上納める男子」へ変更）ため選挙法を改正したのも原でした。これによって有権者は百五十万人から三百三十余万人へと拡大し、より多くの民意が政治に反映しやすくなったのです。

しかし、大歓迎のうちに発足した原内閣でしたが、原の政局運営が時には話し合い重視のため妥協《だきょう》政治家といわれ、時には議会の多数を背景にしたやり方が強引であると攻撃されました。普通選挙法案（二十五歳以上の男子に選挙権付与）に時期が早いと反対したことなどから批判が一挙に高まり、大正十年十一月、東京駅頭で一青年に刺殺されます。六十五歳でした。普通選挙の実施を見送ったのは、急激な変化を危ぶむ元老《げんろう》の山県有朋《やまがたありとも》に原が配慮したためといわれています。現役総理大臣の暗殺は史上空前のことで、その衝撃は国の内外を震《ふる》わせました。

◇無類の親孝行

原家は盛岡藩では家老格の家柄でした。原が九歳のとき、父直治が死去します。母リツは十七歳を頭《かしら》に三歳までの七人の子供を、幕末から明治初年にかけての激動の社会情勢の中で手塩《てしお》にかけて育て上げました。その母の米寿《べいじゅ》（八十八歳）の折《おり》、原は祝宴《しゅくえん》を八日間にわたって催《もよお》しました。ふだんは贅沢《ぜいたく》を嫌い、いたって質素《しっそ》な生活に徹した原の、母へのせめてもの恩返しだったのです。

リツは子供たちを集めては、折に触れて次のようにいい聞かせていたといいます。

「女手《おんなで》で育てられたからおまえたちが碌《ろく》でなしの人間になったと、世間から笑われるようなことがあっては、まことに心苦しいから、どうかみんな世間から笑われないような人間になっておくれ」

この母の言葉を耳にしたときのことを、原はのちに「私は子供心にも、しみじみと母に心配をかけないように、母を安心させ喜ばせるために、ひとかどの人間になろうと決心した」と述懐《じゅっかい》しています。「父は無類の親孝行だった」とは、原の養子の奎一郎《けいいちろう》の言葉です。

◇爵位《しゃくい》の栄誉を知ればこそ

「平民宰相」と呼ばれる原ですが、当時閣僚など国の要職を歴任した人物には爵位《しゃくい》が授けられる慣《なら》わしがありました。しかし、爵位を受けると衆議院にとどまることができなくなります。あくまで政治家として衆議院に議席を保持しようと考えていた原は、爵位を賜《たまわ》らないように何度も周到な手配りをしました。

大正四年、大正天皇の即位御大典《ごたいてん》の大礼使長官を務める際には、大役を無事果たしたとしても叙爵《じょしゃく》がないようにと事前に了解を取り付けています。もし爵位をいただいたとして、将来子孫が爵位の栄誉を汚すことがあるかもしれないとの考えもあったようです。

【偉人をしのぶ言葉】

「官民の間は専《もっぱ》ら理を以《もっ》て交《まじわ》るべからず。又《また》専ら情を以《もっ》て接するべからず（後略）」

〈郵便報知新聞所載論説「官民相対するの道を論ず」〈明治十三年八月三日〉から《原文は文語体》〉

〈現代語訳―官と民は、「理」だけで相対《あいたい》してはいけない。また「情」だけで相対してもいけない。もし「理」だけで交われば、お互いに理屈ばかり述べて妥協せず、ついに官民が離間《りかん》して社会が機能不全に陥《おちい》るだろう。また「情」だけで交われば、お互いに安穏《あんのん》に流れ気力を喪失して国家は富強の域に進まないだろう。「理」と「情」二つながらの姿勢をもって時には対立し、時には協力することが望ましい。官民が互いに扶助《ふじょ》し匡正《きょうせい》し合うことで国家富強の基礎が確立するはずである）

〈参考文献〉
季武嘉也著『原　敬―日本政党政治の原点』山川出版社／今井清一著『日本の歴史32―大正デモクラシー』中公文庫／原奎一郎著『ふだん着の原敬』中公文庫／原敬全集刊行会編『原敬全集　上巻』原書房

四肢切断の障碍《しょうがい》を乗り越えた不屈の女性

20 中村久子

なかむら・ひさこ／一八九七〜一九六八／岐阜県生まれ

◇「自分の力で生きていく」——二十歳の決断

聴力、視力を失い話すこともできない三重苦《さんじゅうく》の身ながら「奇跡の人」といわれたヘレン・ケラーはよく知られています。その彼女が「私より不幸で、偉大な人」と賛《たた》えた人物が日本にいます。それが中村久子です。

中村久子は、明治三十年（一八九七）、父釜鳴栄太郎《かまなりえいたろう》、母あやのもとに飛騨高山《ひだたかやま》に生まれます。結婚十一年目にしてやっと授かった一人娘は、両親の寵愛《ちょうあい》のもと健やかに育てられました。ところが、二歳のときに足の霜焼《しもや》けがもとで突発性脱疽《とっぱつせいだっそ》となってしまいます。細菌のために肉が焼け骨も腐《くさ》ってしまう病気です。四歳の折《おり》、両腕は肘《ひじ》関節から、両足は膝《ひざ》関節からの切断という悲劇に見舞われました。

見世物《みせもの》小屋の興行師《こうぎょうし》たちが、多額のお金と引き替えに娘を売れと幾度《いくど》となくいってきました。父栄太郎は、どんなに貧しくなろうとも娘は自分の元に置いておくのだといって、決して応じませんでした。朝から晩まで付き切りで世話をするほど久子を可愛《かわい》がっていた栄太郎でしたが、久子が七歳のときに急死しました。

母あやは子供を養うために再婚しました。義父は障碍《しょうがい》のある久子に非常に冷たい人でした。年頃になっても外に稼《かせ》ぎに行けない久子は家の厄介者《やっかいもの》でしかありません。義父と娘の間に挟《はさ》まれた母親は、心身ともに疲れ果てていきました。絶えることのない母の苦労に「私さえいなければ」との思いが久子に募《つの》ります。

久子二十歳のとき、「手足がなくても生きている以上は自分で働いて生きていこう」と自ら見世物小屋に売られ故郷を去りました。見世物芸人となることは久子にとって惨《みじ》めで恥ずかしいことでありました。亡き父も頑《かたく》なに拒《こば》んでいた世界です。しかし、障碍のある者が自活していくには、当時はこの選択しかなかったのでした。

◇心を鬼にした母の躾《しつけ》

「だるま娘」の名で日本本土、朝鮮、台湾、満洲《まんしゅう》（中国東北部）まで久子は巡業《じゅんぎょう》に流れ歩きました。口で裁縫《さいほう》、編み物、書道などを行う久子の芸はどこに行っても好評でした。

手足のない久子の裁縫の技術は、「自分の力で食べていけるように」という母の躾《しつけ》によるものです。

十一歳のとき、鋏《はさみ》を握る手のない久子に着物をほどくように母は命じました。着物と鋏を目の前に置いたきり、「自分で考えてやりなさい」といって、あとは知らぬ顔です。久子は「できない」と訴《うった》えました。しかし、「やらねばならんという一心になったら、きっとやれるものです。できないというのは横着《おうちゃく》です」と厳しくいわれました。あまりの厳しさに母を恨《うら》む気持ちもありましたが、久子は負けませんでした。悪戦苦闘し、血の滲《にじ》むような努力の末それを成し遂《と》げたときは、歓喜《かんき》に満ち溢《あふ》れました。それと同時に、「自分の力」というものを発見したのです。自分で考え自分でできるようになる。この「自分の力」を信じ努力を積み重ね、口に針をくわえて着物を縫《ぬ》う技術も修得していきました。

裁縫だけでなく、掃除、洗濯、炊事《すいじ》などの家事も身につけました。どうしてもできなかったのは、髪を結《ゆ》うこと、着物の帯を結ぶことくらいでした。

◇母の強さ

見世物芸人として生きた久子も結婚し、子供を二人授《さず》かっています。しかし、夫に恵まれず四度結婚しています。一人目と二人目の夫はそれぞれに幼いわが子を遺して病死しました。二人目の夫を失ったときには、手足のない自分が二人の幼い娘を連れてどうやって生きていこうかと目の前が真っ暗になりました。芸人生活は全国を旅していかねばならず、子が育つには相応《ふさわ》しくない環境でした。ならば他の仕事をと探してみても障碍のために与えられないのです。手足のない自分に腹が立ち、世の中を恨み、親子三人餓死《がし》する姿を想像するまでに至りました。そのときに湧《わ》いてきた思いがあります。「手足の立派にある子供を餓死させてはならない、人に嫌われ、そのうえ貧しさに苦しみながらも、お前の親は手足のない子を育ててくれたではないか」。そう思って、暗闇《くらやみ》から立ち上がることができました。

久子は自分自身が「母親」になり、手足のない子を育てねばならなかった母親の悲しみや苦悩を知るようになりました。母の強さ、尊さが身に沁《し》みてくると、一時は恨みさえ抱いたあの冷たく厳しい躾にも深い感謝の念が湧いてきたのです。そして、「母である限りは、子供を立派に育てあげなければならない」、この一心でさらなる苦難を乗り越えていきました。

◇昭和天皇から賜《たまわ》った激励

久子は四十六歳で芸人生活に幕を閉じます。そのあとは、四人目の夫の中村敏雄《なかむらとしお》と娘に背負われながら、全国に講演の旅に出ました。「街の湯に　映画に我を　負ひたまふ《う》　夫はたふ《とう》とし　示現如菩薩《じげんにょぼさつ》」とは、夫への感謝を託《たく》して詠《よ》んだ久子の短歌です。

六十五歳のときには、障碍者の模範《もはん》として昭和天皇に激励のお言葉を賜《たまわ》るという栄誉《えいよ》を受けています。

昭和三十七年のNHKラジオ〝人生読本〟で、久子は「御恩《ごおん》」と題して次のように語りました。「手足のない私が、今日まで生きられたのは、母のおかげです。生きてきたのではない、生かされてきたのだと、ただただ合掌《がっしょう》あるのみです」。この反響から、久子六十九歳のとき、高山市国分寺に悲母観世音菩薩《ひぼかんぜおんぼさつ》像が建立《こんりゅう》されました。

昭和四十三年一月、久子は七十二歳の生涯を閉じます。

【偉人をしのぶ言葉】

「私は身体障碍者福祉大会、第十一回目のとき、天皇皇后両陛下に拝謁《はいえつ》させていただきました。そのうち六人は団体の功労者、あと十一人は自力更正者、その中の一人として私も入れられたのでございます。

宮中《きゅうちゅう》に参内《さんだい》して拝謁をいただきましたとき、ああ若い時に、あの扶助《ふじょ》料という福祉のお金をいただかなくて、本当に良かった、としみじみ思いました。そのお金をいただいて、もし使っていたら、私はそのとき天皇皇后両陛下の前に出ましても、お顔をまともに仰《あお》ぐことができなかった、と思います。

〝いただかんで良かった〟

見世物小屋の住人でも、働かしてもらった、ということは大きな幸せだった。天皇皇后両陛下も、厚生省も、見世物小屋におった住人を、人間の一人として扱って下さったことは、大きな感謝でございました。

それからというものはできるだけ、どんな人にも、なるべく自分の力で働いていくようにいつも申しております。

どんな所にも、生かされていく道がございます」

（黒瀬昇次郎著『中村久子の生涯―四肢切断の一生』より）

〈参考文献〉

中村久子著『こころの手足』春秋社／黒瀬昇次郎著『中村久子の生涯―四肢切断の一生』致知出版社／瀬上敏雄著『中村久子の一生―いのちありがとう』春秋社／中村富子著『わが母中村久子』春秋社

第二章

明治を開く

驚異的な努力によって世界的名声を得た医学者

㉑野口英世

のぐち・ひでよ／一八七六〜一九二八／福島県生まれ

◇逆境が奮い立たせた向学心

千円札紙幣《しへい》に肖像《しょうぞう》画が載っている野口英世は、明治九年（一八七六）十一月、福島県の翁島《おきなじま》村（現在の猪苗代《いなわしろ》町）の貧しい農家に、父佐代助《さよすけ》、母シカの長男として生まれました。清作《せいさく》と名付けられましたが、二十二歳のとき英世に改名しています。

英世が一歳五カ月のときのことです。イジコと呼ばれる藁《わら》で編んだ幼児用の寝床《ねどこ》に入れられていた英世は、母が農作業で目を離したすきに這《は》い出して、囲炉裏《いろり》に転落してしまったのです。このときに英世が左手に受けた火傷《やけど》は、皮膚の表面だけでなく皮下組織にまで達していました。母シカにはなす術《すべ》がなく、結局、左手は松の木のこぶのように親指と中指が手のひらの面にくっつき、他の指も内側に曲がった形で縮んでしまいました。

英世の苦難の人生の始まりでした。シカは、自分の不注意から長男を障碍者《しょうがいしゃ》にしてしまったことを深く悔《く》いて、この子を一生自分が養い通すと決心したのでした。善人だが怠《なま》け者の夫には頼ることができず、シカはそれまでにも増してひとり重労働の日々を送ったのでした。

英世は近所の子供たちから「手《て》ん棒《ぼう》、手ん棒」とはやし立てられ、小学校に入学すると、たびたび悪童《あくどう》らのいじめに遭《あ》い、次第に学校が嫌《いや》になっていきました。小学校三年生の頃には不登校の毎日が続くようになりました。そんなある日、シカは力を込めて英世に言いました。

「おまえが人からいじめられるのは母の不注意のせいだ。すまない。しかし、これに負けないためには学問で身を立てるしかない。家のことなぞ心配しないで、一所懸命勉強してもらいたい」

シカのこの励ましの言葉に、英世の向学心は一気に燃え上がったのです。

英世は小学校を一番の成績で卒業しました。学校の教科にとどまらず、駐在所の巡査《じゅんさ》に国語や漢文を習い、寺の和尚《おしょう》には漢学と英語を習いました。小学校卒業後は、猪苗代高等小学校の小林栄《こばやしさかえ》先生の援助を得て、当時は進学する者も少なかった高等小学校（四年制）へと進みました。英世の学費をつくりだすためのシカの厳しい労働は、英世を奮い立たせました。

英世は睡眠を切りつめて勉強に集中し、十二歳から十六歳までの四年間、高等小学校の成績は常にトップを走り続けたのでした。

卒業後、会津若松《あいづわかまつ》にある会陽医院に住み込みの書生《しょせい》として勤めながら医学の勉強に励み、独学で医者を志します。英世は、フランス皇帝ナポレオンが三時間しか睡眠をとらなかったという故事《こじ》を好んで口にし、猛烈な勢いで学問に取り組みました。三年後、十九歳の英世は東京で学ぶ決心をします。上京の前日、生家《せいか》に戻った英世は、小刀で床柱《とこばしら》に「志を得ざれば再びこの地を踏まず」と刻んで故郷を後にしたのでした。

◇不眠の努力でノーベル賞候補にも

二十一歳で難関の医師開業試験に合格した英世は、二十四歳のときアメリカでの医学研究を決意します。単身アメリカへ渡り、東部フィラデルフィアのペンシルバニア大学にフレキシナー教授を訪ね、自分を助手として雇《やと》ってくれるよう頼み込んだのです。そこで職を得た英世は猛烈《もうれつ》に働き、短期間で蛇毒《じゃどく》の研究に多くの成果を出し、注目される存在になっていきました。

二十七歳の頃、ニューヨークのロックフェラー医学研究所の一等助手になり、注目される論文を次々と発表しました。大正三年（一九一四）、三十七歳の英世は、梅毒《ばいどく》（微生物の体内侵入によって起こる慢性《まんせい》の伝染病）の病原体を確認する研究において画期的な成果を上げ、研究所の正式メンバーとなります。そして、生涯に、他の追随《ついずい》を許さない二百四篇《へん》もの学術論文を書きました。

「いったい日本人はいつ眠るのですか」。ロックフェラー研究所を訪れる日本人に対して所長のフレキシナーはこう質問して、訪問者を驚かせたといいます。所長の知る日本人、つまり英世は自宅でも研究を続け、疲れて眠ることがあっても着のみ着のままで傍《かたわ》らのベッドに横たわり、ほんの短時間仮眠するにすぎなかったからです。

英世は大正三年以降、たびたびノーベル賞の候補に挙がり、何度かは最終候補にも残ったといわれます。大正四年に一時帰国した英世は、十四年九カ月もの間、息子との再会を待ちわびた母シカと東京見物や関西旅行を共にして心ゆくまで孝養《こうよう》を尽くしました。これがシカとの今生《こんじょう》の暇乞《いとまご》いとなりました。

英世は昭和三年（一九二八）、西アフリカ（現在のガーナ）で黄熱病《おうねつびょう》（熱帯地方に流行する急性の伝染病）の研究中、自らその病原菌に感染して、その生涯を閉じました。持てる生命を燃やし尽くした五十一年の生涯でした。

【偉人をしのぶ言葉】

「ナポレオンは夜三時間しか眠らなかった。彼になし得られる努力が、自分になし得られぬはずがない」

（奥村鶴吉編『野口英世』より）

「生と死との境界はこの世のことのみで、生前と死後とを考へ《え》れば現生は単に一時の足どめに過ぎざることを感じつつあり。ひたすら慈母《じぼ》の教訓および遺志《いし》を守りて、できるだけこの世のために尽くすことを誓ふ《う》」

（野口英世の小林栄宛書簡）

〈参考文献〉

北篤著『正伝　野口英世』毎日新聞社／山野厚子著『野口英世は眠らない』集英社／星亮一著『野口英世の生きかた』筑摩書房

明治の精神に殉《じゅん》じた文豪

22 夏目漱石

なつめ・そうせき／一八六七～一九一六／東京都生まれ

◇小説『心』

夏目漱石に『心』という作品があることは、多くの日本人が知っていることでしょう。『心』は漱石が四十七歳のときの作品です。多くの日本人に読まれている漱石の作品の中でも『心』は殊《こと》に読まれている作品です。高校の現代国語の教科書にも採り上げられていて、読者を増やしています。

『心』は大正三年（一九一四）に新聞に連載されたものです。ほぼ百年前の作品ですが、その永《なが》い時の流れを感じさせないほどに現代の私たちを惹《ひ》きつけています。

『心』のあらすじを約《つづ》めて話しますと、舞台は「先生」と呼ばれている人の学生時代に遡《さかのぼ》ります。若き「先生」は、日清戦争で夫を亡くした、作品では〝奥さん〟と呼ばれている人と、その娘の〝お嬢さん〟と呼ばれている静さんの所に下宿することになりました。一人っ子の「先生」はすでに両親を病で亡くして、世に頼る人はありませんでした。それは、両親の遺産の管理を任せていた叔父《おじ》に、その多くを横領《おうりょう》されて親戚の人たちと義絶したことにも由《よ》ります。

　奥さんとお嬢さんという女性だけの家での下宿生活を経験した「先生」は、それまでの、ひがんだ疑《うたぐ》り深いところが影をひそめ、心持ちがゆったりとしてきました。「先生」とお嬢さんの間には恋心さえ芽生《めば》えてきました。

　そこにKという「先生」の同郷の友人が入り込んできました。Kの実家はお寺でしたが、次男であったため、医者の家に養子に出されました。養家では当然、医者になるものと思ってKを東京に出しましたが、Kの興味関心は宗教哲学にありました。郷里を出るときから、Kは医者になるつもりはありませんでした。それを聞いた「先生」は驚きました。養家を欺《あざむ》く行為だとKを非難しました。Kは大胆にも〝道〟のためなら構わないのだと言い放ちました。「先生」もK同様に〝道〟という言葉に尊い響きを覚えていました。「先生」はKに讃意《さんい》を表しました。

　在京三年目の夏に、Kは養家に医者になる気はないとの手紙を出しました。養家は怒って学資を止めました。実家も養家に申し訳ないとKとの関係を断ちました。Kの生活は困窮《こんきゅう》しました。Kは独力で、この難局を切り抜けようとしましたが、体にも精神にも変調を来《きた》し出しました。

そういうときに、「先生」は、独立心の強いKを気遣《きづか》って、頭を下げて、自分の下宿先に引っ張ってきたのです。「先生」自身も奥さんやお嬢さんの感化によって心の落ち着きを取り戻したように、Kも心身ともに健康を回復するだろうと考えたのです。

「先生」は蔭《かげ》に回って奥さんとお嬢さんに、なるべくKと話をするように頼みました。始めは、奥さんやお嬢さんとの会話を、あんな無駄話《むだばなし》のどこが面白いのだと軽蔑《けいべつ》していたKも、時とともに、女はそう軽蔑したものでもない、と言うようになりました。

Kも下宿生活に慣《な》れた寒い日の夜のことです。二人の部屋を仕切《しき》る襖《ふすま》が開きました。Kが敷居《しきい》の所に立って、何を考えていると聞きました。それからKはつかつかと「先生」の部屋に入って来て火鉢《ひばち》の前に座りました。元来《がんらい》無口なKがこの日、お嬢さんへの切ない恋を打ち明け始めました。「先生」は驚きました。「先生」は先を越されたと思いました。〝道〟を求めて精進《しょうじん》してきたKは恋に悩む自分に苦しみましたが、「先生」も果断《かだん》なKがお嬢さんに向かって一目散《いちもくさん》に突き進むのではないかと恐れました。

ある日、「先生」は、仮病を装《よそお》って学校を休み、Kもお嬢さんもいないときを見はからって、奥さんにお嬢さんとの縁談を切り出しました。奥さんは承諾《しょうだく》しました。お嬢さんの気持ちを確認しなくてよいのかという「先生」に向かって、娘の嫌《いや》がる所に嫁《とつ》がせることはしないという返事でした。すべてKには内密に事が運びました。

数日後、奥さんはKに「先生」と娘の縁談が決まったことを告げました。Kは変な顔をしたと、のちに奥さんは「先生」に言いました。「先生」はKに話そう話そうと思って二日経《た》った日に、Kは自殺しました。「先生」は永久に氷《こお》り付きました。

「先生」は大学を卒業し、お嬢さんと結婚しました。しかし、幸福であるべき「先生」の心にKの自殺という黒い一点のしみがありました。「先生」は何をしても心の晴れない人生を送らざるを得ませんでした。「先生」は自殺を考えましたが、夫人のために思い止《とど》まりました。

母親が死んだとき、静夫人は「先生」に、これから世の中に頼りにするものは一人しかなくなったと告げました。それを聴いた「先生」は死んだつもりで生きていこうと思いました。「先生」は外界の刺激で躍《おど》り上がりましたが、どこかから恐ろしい力で「先生」の心を握《にぎ》り締《し》めて動けないようにしました。お前は何をする資格もない男だと抑《おさ》え付けるのです。「先生」にとって生きることより死ぬことのほうがずっと楽なように思われました。

その「先生」が自殺しなかったのは、この世に頼りとするものは「先生」だけであると、しみじみ語った夫人を思ってのことでした。

◇『心』の真実の主題

『心』はまだ続きますが、現代の読者はここらあたりで読むのを止《や》めてしまいます。ここで止めてしまえば、『心』は時代との関わりが薄い作品になってしまいます。ここまでの『心』の内容で、映画にもテレビドラマにも平成の出来事としてつくり上げることができます。

しかし、それは漱石の『心』ではないのです。漱石は明治という自らが生きた時代の悲劇を書いたのです。それは漱石自身の人生を反映しているということでもあります。

『心』は三部構成になっています。「上　先生と私」、「中　両親と私」、「下　先生と遺書」です。最後の「下　先生と遺書」の印象があまりに強烈なために読者は「上」と「中」を忘れがちなのです。「下」を読むように「上」も「中」も注意して読むと、「下」の「先生」の遺書の、

「すると夏の暑い盛りに明治天皇が崩御《ほうぎょ》になりました。其《その》時私は明治の精神が天皇に始まつ《っ》て天皇に終つ《っ》たやう《よ》な気がしました。最も強く明治の影響を受けた私どもが、其後に生き残つ《っ》てゐ《い》るのは必竟《ひっきょう》時勢遅れだといふ《う》感じが烈《はげ》しく私の胸を打ちました。私は明白《あから》さまに妻にさう《そ》云《い》ひ《い》ました。妻は笑つ《っ》て取り合ひ《い》ませんでしたが、何を思つ《っ》たのか、突然私に、では殉死《じゅんし》でもしたら可《よ》からう《ろ》と調戯《からか》ひ《い》ました。（中略）それから約一ヶ月程《ほど》経ちました。御《ご》大葬《たいそう》の夜私は何時《いつ》もの通り書斎に坐《すわ》つ《っ》て、相図《あいず》の号砲を聞きました。私にはそれが明治が

永久に去つ《つ》た報知《ほうち》の如《ごと》く聞こえました。後で考《かんが》へ《え》ると、それが乃木《のぎ》大将の永久に去つ《っ》た報知にもなつ《つ》てゐ《い》たのです。私は号外を手にして、思はず《わ》妻に殉死だ殉死だと云ひ《い》ました」という文に込めた作者の感動と悲しみがわかるでしょう。漱石は「明治の精神」を以《もっ》て時代と戦ってきた人なのです。そしてそれは、『心』にはすべては書き切れていないのだという作者のメッセージも読者に伝わるでしょう。

『心』の登場人物の「先生」にも「私」にも「奥さん」にも固有の名が与えられていません。「先生」の親友にも〝K〟というイニシャルが当てられているだけです。その中にあって、「先生」の夫人にのみ、〝静〟という名が与えられているのはなぜでしょう。〝静〟とは、乃木大将の夫人の〝静子《しずこ》〟に由来していると考えられます。漱石の受けた、乃木大将の殉死の衝撃を思わされます。

漱石は病に蝕《むしば》まれた肉体に鞭《むち》うって時代と格闘《かくとう》してきました。漱石の精神の強さは体に大きな負担を強いました。大正五年十二月九日、歿《ぼっ》。享年《きょうねん》四十九。新聞に連載中の大作『明暗』は中絶の止む無きに至りました。

※小説『心』の表題は、『こころ』（新潮文庫、文春文庫、集英社文庫）、『こゝろ』（角川文庫）の表記で出版されているが、漱石自身が本作品に付けた自序（序文）において『心』という表記を用いてい

ることから、本稿でも『心』の表記で統一しました。

【偉人をしのぶ言葉】

「自己の心を捕《とら》へんと欲する人々に、人間の心を捕へ得《え》たる此《この》作物を奨《すす》む」

（夏目漱石作「『心』広告文」）

〈参考文献〉

『漱石全集』岩波書店／山田輝彦著『夏目漱石の文学』桜楓社／廣木寧著『江藤淳氏の批評とアメリカ』慧文社

世界を感動させた海軍士官の遺書
23 佐久間勉

さくま・つとむ／一八七九〜一九一〇／福井県生まれ

◇潜水艇、沈没す

明治三十八年（一九〇五）に国の総力を挙げて大国ロシアを破り、独立自存を守ったわが国の海防にとって、潜水艦《せんすいかん》の開発は急務でした。

当初は米英両国から丸ごと輸入していましたが、やっと自国生産した第一号には、艇長の佐久間勉海軍大尉《たいい》以下十四名の乗員が配置され、技術的な問題点の検討、改良などを実地に行いながら、航海訓練を重ねる日を送っていました。その最中の明治四十三年四月十五日に、浸水、開閉弁《かいへいべん》の不良、エンジン停止等が重なって艇は瀬戸内海の海底に沈み、ついに浮上せぬまま全員殉職《じゅんしょく》という悲劇が起こったのです。

歴史とは時に不思議な巡り合わせを用意するようで、この事故からちょうど二年後の同月同日（十四名の遺族が三回忌の法要を営む頃）、やはり海難史上に残る大災害が発生します。タイタニック号の沈没です。しかし当時としては、佐久間艇の事故こそ日本人のみならず、心ある世界の人々に、タイタニック号と比べものにならない衝撃を与えたのです。

この時代、欧米各国でも潜水艦開発の初期段階で、潜水したまま浮上できない事故が相《あい》次《つ》ぎました。いずれのケースでも乗組員は取り乱し、本能の赴《おもむ》くまま互いに傷つけ合って、地獄絵さながら絶命していたと伝えられました。佐久間艇の場合も万一の事態を恐れた海軍当局は、遺族を遠ざけつつ海底から引き揚げられた艇のハッチを開けました。ところが心配は杞憂《きゆう》に終わり、艇内では各自の持ち場についたまま従容《しょうよう》と死を迎えた全員の姿が確認されました。佐久間艇長が三十歳、乗員の多くは二十代の青年士官と水兵たちでした。

◇絶命まで遂行された職務

これだけでも人々を驚かすに十分でしたが、やがて艇長が着用していた軍服のポケットから、ずぶ濡れになった粗末《そまつ》な手帳二冊が発見され、万策尽きた絶望的状況の中で記された艇長の手記が公表されると、感嘆《かんたん》と賞讃《しょうさん》の声が世界に広がったのです。世に名高き「佐久間艇長の遺書」、四十ページがこれです。

遺書の冒頭は、天皇陛下の艇を沈め部下を死なせることを詫《わ》びつつ、事故後の処置に艇員たちが最後まで精勤《せいきん》したことを称《たた》えて、次のように書き出されています。

「小官ノ不注意ニヨリ陛下ノ艇ヲ沈メ部下ヲ殺ス、誠ニ申シ訳無シ、サレド艇員一同、死ニ至ルマデ皆ヨクソノ職ヲ守リ、沈着ニ事ヲ処《しょ》セリ」

続いて、この事故によって将来の潜水艦開発にブレーキのかかることがないようにと要請し、事故状況の報告へと移ります。次第に艇内の酸素が残り少なくなる中で、あくまで冷静沈着に、考えられる事故原因と施した応急措置《そち》を詳細に記していますが、その精神力にはただただ驚嘆《きゅうたん》するばかりです。そして耳の痛みや吐き気も激しさを増す中で、さらに気力を奮い立たせて「公遺言」を認《したた》めています。

「謹《つつし》ンデ陛下ニ白《もう》ス　我部下ノ遺族ヲシテ窮《きゅう》スルモノ無カラシメ給《たまわ》ハラン事ヲ　我念頭ニ懸《かか》ルモノ之《こ》レアルノミ」

この時代、一海軍大尉が天皇に直接に宛名して、部下の遺族への経済的支援をお願いするなど、通常では考えられません。艇長がいかに部下を思い、その遺族たちの行く末を案じていたか惻々《そくそく》と伝わってきます。そして残された最後の時間、艇長がそれまでの人生でお世話になった方々の氏名を順不同で書き連ね、「十二時四十分ナリ」で壮絶な遺書は閉じられました。

明治の文豪夏目漱石《なつめそうせき》は、艇長の遺書の写真版を入手して一気に「文芸とヒロイック」という文を書き上げます。漱石はその中で、かつて英国の潜航艇《せんこうてい》に同様の事故があったときに、艇員が死を免《まぬが》れようと争って水明かりの洩《も》れる窓の下に折り重なって死んでいたことを紹介し、「本能のいかに義務心より強いかを証明するに足るべき有力な出来事である」と述べています。その一方で、このたびの佐久間艇長とその部下の死、艇長の遺書を見れば、義務心が本能に打ち克《か》った「不可思議の行為」を現代のわれわれも信じることができると、ヒロイック（英雄的行い）の価値に光を当てたのです。

【偉人をしのぶ言葉】

（佐久間艇長を讃《たた》えた歌人与謝野晶子《よさのあきこ》の和歌から）

海底の　水の明りに　認《したた》めし　永き別れの　ますら男《お》の文《ふみ》

やごとなき　大和だましひ《い》　ある人は　夜の海底に　書置《かきおき》を置く

海に入り　帰りこぬ人　十四人　いまも悲しき　武夫《もののふ》の道

〈語注〉やごとなき——尊い

〈参考文献〉

TBSブリタニカ編集部編『佐久間艇長の遺書』／片山利子著『職ニ斃レシト雖モ——佐久間艇長と六号艇の男たち』展転社

明治日本の外交を導いた魂の外交家・政治家

24 小村寿太郎

こむら・じゅたろう／一八五五～一九一一／宮崎県生まれ

◇ネズミ公使の活躍

明治三十八年（一九〇五）九月、米国ポーツマスでの日露講和条約締結の報《ほう》に触れた日本国内は不穏《ふおん》な空気に包まれました。多大な犠牲《ぎせい》を払ったにもかかわらず、戦勝国日本が勝ち得たものはほとんどなかったからです。東京日比谷《ひびや》公園の反対集会に集まった群衆《ぐんしゅう》は暴徒化《ぼうとか》し、警察署、派出所を襲《おそ》い、内務相官邸《ないむしょうかんてい》に放火しました。外務大臣官邸にも群衆は押し寄せ、火を放ちました。官邸内には、ポーツマス講和会議全権小村寿太郎の家族がいました。

小村寿太郎は、安政二年（一八五五）現在の宮崎県日南《にちなん》市飫肥《おび》に生まれました。七歳で飫肥藩の藩校振徳堂《しんとくどう》に入り、たちまち頭角《とうかく》を現します。非常な努力家で、何より読書を好みました。開成学校（東京大学の前身）卒業後に米国に留学。二十一歳でハーバード大学法学部を卒業し、帰国後外務省に入りました。外務省に入ったものの、小村の真価を認める上司はなく、長く不遇《ふぐう》の時期を過ごしますが、小村は勉強を怠《おこた》りませんでした。小村の非《ひ》凡《ぼん》な才能を認め、抜擢《ばってき》したのは、外務大臣陸奥宗光《むつむねみつ》でした。

雌伏《しふく》（耐えて時期を待つ）十年、いよいよ小村は外交官としての初舞台を踏むことになります。彼は代理公使として清国北京《しんペキン》に赴任《ふにん》しました。小村は、身長百五十センチ余りと小《こ》柄《がら》でした。一張羅《いっちょうら》（一枚しかない正装）のフロックコートを着て、世界の外交官を相手に堂々と立ち回る小村を、各国の外交官らは「ネズミ公使」と呼んだそうです。

このときの小村の働きを見た陸奥は「小村は何よりも見通しが早くそれに正確だ。ほとんど誤謬《ごびゅう》（間違い）もない」と舌を巻きました。

当時の駐清国イギリス公使オコーナーは、小村を評《ひょう》してこういいました。「私が圧迫を加えても彼は屈しないばかりか反発しました。彼は強敵でしたが、同時に私は彼に強い尊敬の念を抱きました。彼の英語が巧《たく》みなことには驚嘆《きょうたん》せざるを得ませんでした。何しろ彼は英国人のように考え英国人のように表現するのですから」。

◇日英同盟締結へ

明治三十四年、桂太郎《かつらたろう》内閣の外務大臣に任命された小村は、日英同盟締結へと精力的に活動しました。北清事変《ほくしんじへん》（一九〇〇年）の混乱に乗じて満洲《まんしゅう》を占領《せんりょう》したロシア軍は、さらに朝鮮半島をもうかがいました。もし朝鮮半島がロシアの支配下となれば、日本の独立が脅《おびや》かされます。ロシアの侵略《しんりゃく》に備えるためには日英同盟は不可欠でした。

北清事変に際し日本軍が見せた勇敢《ゆうかん》さと規律の正しさ、事変処理に発揮された小村の外交手腕を見たイギリスは、日英同盟締結へと動きます。小村は、英米をはじめ諸外国との外交関係強化に努めながら、満洲からの撤兵《てっぺい》をロシアに迫る交渉を根気強く繰り返しましたが、ロシアは言《げん》を左右にして時間を稼《かせ》ぎ、シベリア鉄道を使って軍隊をどんどん満洲に送り込みました。

ついに交渉は決裂し、日露両国は宣戦布告しました。この間の外交交渉を評して、ヘイ米国国務長官は「今回の日露交渉における日本の態度を見ると、穏当《おんとう》な譲歩《じょうほ》は躊躇《ちゅうちょ》せず行い、自国の安全に関する点については断然とその主張を譲《ゆず》らず、その公明にして堅実なる交渉ぶりは、他国はもちろん米国の外交史上にも未《いま》だ例を見ません」と激賞《げきしょう》しました。質の高い情報を集め、大局《たいきょく》を見て、先を見通し、用意周到で、的確な手段を素早く講じていくのが小村の外交でした。

◇日露戦争の始末をつける

明治三十八年五月二十七日の日本海海戦は日本の圧倒的勝利に終わります。世界各国の世論の大勢も和平へと傾きました。小村は間髪《かんはつ》を容《い》れず、アメリカ大統領に戦争終結に向けて講和条約の斡旋《あっせん》を正式に要請しました。

講和会議全権は小村寿太郎と決定しました。日本は、開戦以来常に優勢に戦いましたが、会議は事前から困難が予想されました。ロシアは日本海海戦後も満洲の陸軍兵力の増強を着々と進めていました。

一方日本軍は、戦争を継続するには、兵員、装備ともに不足する厳しい状況にありました。ロシア皇帝は「一ルーブルの賠償金《ばいしょうきん》も一インチの領土も与えてはならぬ」とロシア側全権ウィッテに厳命しましたが、ロシア国内は政情不安定でした。交渉は困難を極めましたが、小村らの粘《ねば》り強い交渉の末、平和条約締結に至ります。日本は、ロシアを満洲、朝鮮半島から退却させることに成功したのでした。

講和会議から帰国後、条約締結時の混乱の様子を聞いた小村は、「なあに、国民にそのくらいな元気がなくちゃいけない」と語ったといいます。第二次桂内閣で、再び外務大臣に就任した小村は、明治四十四年、維新以来の懸案《けんあん》であった不平等条約の改正を成し遂げると、燃え尽きたかのようにその一生を終えました。五十七歳でした。「小村がいま生きておれば……」と事あるごとに惜しまれた、早すぎる死でした。

【偉人をしのぶ言葉】

「もしも、たった一つでも、じぶんに取りえがあるとすれば、それはただ〝誠〟ということであろう。じぶんは、この〝誠〟をもって、世の中をわたってきたつもりである。この〝誠をもってする〟ということは、どんなとき、どんな場合でも大いに必要なことである。これを小にしては、その身一人の処世上についても必要だし、またこれを大にしては、国家を本位とした政治、または事業等にも大切なことで、いずれの方面にも〝誠〟の必要は、なんらかわるところはないと思う」

（神戸雄一著『小村寿太郎』より）

〈参考文献〉

吉村昭著『ポーツマスの旗―外相　小村寿太郎』新潮文庫／神戸雄一著『小村寿太郎』日向文庫刊行会／桝本卯平著『自然の人　小村寿太郎』大空社

ヨーロッパ最強の軍事力と戦った武士道の体現者

25 乃木希典

のぎ・まれすけ／一八四九〜一九一二／東京都生まれ

◇旅順要塞を落とせ！

日露戦争というヨーロッパの大国であるロシア帝国との戦争が始まったのは明治三十七年（一九〇四）の二月でした。陸軍の主な戦場は、昔、満洲《まんしゅう》と呼ばれた、現在の中国東北部です。陸軍の第三軍の大将は五十六歳の乃木希典でした。

乃木大将には四人の子供がありましたが、長女と三男は早く死んで、二十六歳の長男、陸軍中尉の勝典《かつすけ》と二十四歳の次男、陸軍少尉の保典《やすすけ》がいました。三月十九日に二人の息子は東京を発って戦場に向かいました。二人は広島で並んで撮った写真を東京の両親に送りました。

乃木は五月二十七日に東京を出発しましたが、その前日に第二軍に所属した勝典は遼東《りょうとう》半島の南山《なんざん》の戦いで負傷し、翌日死にました。乃木は広島に着いて勝典の戦死を知らされ、息子二人が写真を撮った所を訪ね、息子たちの種板《たねいた》（写真の原板）を持って写真を撮りました。

乃木は、家を出るとき、静子《しずこ》夫人に、「一人が死んだからといって葬式を出すな、三人まとめてすればいい」と言い遺していました。ロシアとの戦いはそれほどの覚悟を国民に強《し》いる大きな戦争だったのです。

乃木率いる第三軍の当初の仕事は遼東半島の突端《とったん》にある旅順《りょじゅん》の要塞《ようさい》を陥落《かんらく》させることでした。旅順はロシアが巨額の資金を投じて築いた要塞でした。イギリスがイベリア半島南端のジブラルタルに築造《ちくぞう》した要塞と旅順のそれとは難攻不落《なんこうふらく》といわれていました。ロシアのクロパトキン将軍はいかなる敵の攻撃を受けても三年はもちこたえることができると豪《ごう》語《ご》していたほどです。

しかし、日本軍は要塞の攻撃に三年もかけるわけにはいきません。旅順の港に逃げ込んだロシアの太平洋艦隊と日本に向かってバルト海のリバウ港を出港したバルチック艦隊が一つになれば、わが国の連合艦隊の不利は明らかです。連合艦隊が負ければ、大陸に出陣したわが国の将兵に、補充の兵隊も、食糧《しょくりょう》も、弾薬も送れなくなります。

だからこそ、バルチック艦隊がやってくる前に旅順の敵艦隊を叩《たた》かなくてはならず、そのためにはぜひとも旅順の要塞を落とす必要があったのです。

乃木は、落ちないといわれている旅順の要塞を、一日も早く落とさなくてはなりませんでした。当時、空軍はありません。わが軍は、その身を隠す草も木もない旅順の要塞に向かって突撃を繰り返しました。第一回の総攻撃だけでわが軍の死者は五千人を超えました。わが軍の砲撃と兵隊の死体で山の形も変わるほどでした。

◇戦勝の日の涙

乃木を司令官とする第三軍に従軍した記者にアメリカ人のスタンレー・ウォシュバンという人がいました。シカゴ・ニュースの記者で二十七歳の若者でした。ウォシュバンは乃木に深く魅《み》せられ、乃木を〝Father Nogi〟と呼んだ人です。

乃木は、明治天皇の崩御《ほうぎょ》の後、その御大葬《ごたいそう》の日に殉死《じゅんし》しました。大正元年（一九一二）九月十三日のことです。乃木の殉死を知ったウォシュバンは直ちに筆を執《と》りました。一つにはアメリカ人のために、一つには恩義を受けた乃木大将に報いるために。これは、翌年、〝NOGI〟と題して出版されました。

旅順の戦いは四カ月半に及びました。わが軍の死者は一万六千名を数えました。ウォシュバンは書いています。毎朝届けられる死傷者の名簿が乃木の心の傷を深めた、と。また、乃木の顔面には心労痛苦の皺《しわ》が〝縫《ぬ》い目〟のように刻まれていった、と。

明治三十八年一月一日、旅順要塞司令官ステッセルは降伏しました。ほどなく祝賀会が催されました。多くの犠牲を出しての祝賀の宴《うたげ》です。皆、喜びに浸《ひた》っていました。すると一人の副官が、乃木の姿が見えないことに気づきました。乃木は宴の途中に退席したのです。

探してみると、ある小さな建物の中に、両手で額を覆《おお》って腰かけていました。頬《ほほ》には涙が見えました。乃木は副官を見ると、「今は喜んでいる時でない、お互いにあんな大きな犠牲を払ったではないか」と言いました。

◇明治に殉じた乃木夫妻

ステッセルは乃木大将に自慢の白馬を贈りました。その白馬に跨《また》がった乃木の写真に感じ入ったウォシュバンは、彩色を施《ほどこ》して額縁《がくぶち》にはめ、静子夫人に進呈《しんてい》しました。夫人はこの写真を受け取ると、両腕を伸ばして見入りました。すると夫人の両目からはらはらと涙が流れました。

「戦《いく》さになってから主人に逢《あ》うのはこれが初めてです。主人が出発の別れに、戦争が首尾《しゅび》よく終わるまでは、自分のことは死んだものと思え、その時までは音信《たより》をするな、自分も音信はしない。自分は、生命も時間も考えも、凡《すべ》て、陛下《へいか》と国家に捧《ささ》げているのだから、些《すこ》しの私情もこの間に入ってはならないと申しましたが、その言葉の通りでした」

多くの日本人が、夫や子を亡くしました。当時こんな俗謡《ぞくよう》が流行《はや》りました。「一人息子と泣いては済まぬ二人無くした方《かた》もある」。乃木夫妻のことを歌ったものです。旅順の戦いの中で次男の保典も戦死したのです。

これほどの悲しみを身に受けて明治の日本人は生きていました。その象徴的な人が乃木大将なのです。

【偉人をしのぶ言葉】

「我が聯合《れんごう》艦隊のため、我が勇敢《ゆうかん》な海軍軍人と、東郷提督《とうごうていとく》のために、祝盃《しゅくはい》を挙げるのは此《こ》の上ないことだ。天皇陛下の御稜威《みいつ》によつ《っ》て、我が海軍は大勝を得た。しかし忘れてならぬことは、敵が大不幸を見たことである。我が戦勝を祝すると同時に、又《また》我々は敵軍の苦境《くきょう》に在るのを忘れないやう《よ》にしたい。彼等は強ひ《い》て不義の戦をさせられて死に就《つ》いた、立派な敵であることを認めてやらねばならない。それから更に我が軍の戦死者に敬意を表し、敵軍の戦死者に同情を表して、盃《さかずき》を重ねることとしよう」

（日本海海戦の大勝を祝う宴での乃木大将の祝辞・スタンレー・ウォシュバン著『乃木』より）

〈語注〉御稜威―神、天皇の威光、威徳

〈参考文献〉
スタンレー・ウォシュバン著『乃木』創元社／司馬遼太郎著『坂の上の雲』文春文庫／福田恆存著「乃木将軍と旅順攻略戦」（『福田恆存評論集　第八巻』収集　麗澤大学出版会）／廣木寧著『江藤淳氏の批評とアメリカ』慧文社

日本海海戦の連合艦隊司令長官
26 東郷平八郎
とうごう・へいはちろう／一八四八～一九三四／鹿児島県生まれ

◇薩英《さつえい》戦争で心に誓った決意

東郷平八郎は、弘化《こうか》四年（一八四七、八）に薩摩藩郡奉行《さつまはんこおりぶぎょう》の東郷実友《とうごうさねとも》の子として誕生しました。幼いときから優秀で、十歳で神童《しんどう》といわれました。

東郷に初陣《ういじん》の機会が巡ってきたのは文久《ぶんきゅう》三年（一八六三）八月のことでした。薩英《さつえい》戦争です。この戦争は、前年に神奈川で起こった生麦《なまむぎ》事件（藩主の父、島津久光一行の行列前を馬に乗ったイギリス人四人が横切り、それを薩摩藩士が斬り殺した事件）の報復のため、イギリス軍艦が鹿児島湾に侵攻し、薩摩藩の軍艦と鹿児島市内を焼き払った事件です。イギリス軍艦による強力な艦砲射撃を目の当たりにした十五歳の東郷は、このときある決意を固めます。それは、海軍に入り、日本を守ることでした。

三年後、薩摩藩は海軍局を創設し、翌慶応《けいおう》三年（一八六七）には木造外輪巡洋艦《がいりんじゅんようかん》「春日丸」を購入して、本格的な海軍を組織しました。翌年一月、春日丸が神戸に回航され、東郷は乗り組みを命じられます。折《おり》しも、一月に起こった鳥羽伏見《とばふしみ》の戦いの最中《さなか》でした。その後、旧幕府軍と薩摩、長州を中心にした官軍との戦い（戊辰《ぼしん》戦争）は、関東、北陸から東北、さらには北海道へと移っていきますが、東郷は最終戦の函館《はこだて》まで参戦しました。

明治維新後、東郷はイギリスに留学を命じられ、帰国後は「天城」「大和」「浅間」などの艦長を歴任して大佐に進級し、海軍のエリートコースを進んでいきます。

◇国際法に基づいた断固たる処置

明治二十七年（一八九四）、朝鮮半島で東学党《とうがくとう》の乱が起こり、これをきっかけとして日清戦争が始まりました。

その開戦直前のことです。清国は朝鮮の占領を企て、イギリスの船三隻を雇って清の兵隊を満載し、仁川《ジンセン》に向かっていました。その中の一隻「高陞号《こうしょうごう》」はイギリス国旗を掲げていましたが、わが国の再三にわたる降伏勧告に従わなかったため、軍艦「浪速《なにわ》」艦長の東郷は警告を行った後、砲撃を加え、「高陞号」を撃沈《げきちん》したのでした。その際、海に飛び込んだイギリス人船長などを救助しましたが、大国イギリスの船を沈めたことは過剰処置ではないかと、東郷への非難の声が国の内外で高まりました。しかし、イギリスの権威ある学者が、国際法に照らして、「今回の東郷のとった行為は違法ではない」と明確な判断を下したため、イギリス世論も落ち着き、かえって東郷平八郎の名声を高めることになったのです。

◇確信に満ちた〝読み〟

明治三十七年二月十日、わが国は大国ロシアに宣戦を布告し、ここに国の存亡をかけた日露戦争が始まりました。東郷は連合艦隊司令長官として、ロシア極東艦隊の基地である旅順《りょじゅん》港の攻撃、さらに八月の黄海《こうかい》海戦などを戦いましたが、ロシア極東艦隊を撃滅するには至りませんでした。

ロシアの皇帝ニコライ二世は、十月になって北欧のバルト海からバルチック艦隊を派遣して、日本を攻め滅ぼすと世界に発表しました。バルチック艦隊は六カ月余りの長い航海を続け、明治三十八年四月、ベトナムのカムラン湾（フランスの植民地）に立ち寄ります。そこで食糧《しょくりょう》と燃料の補給をした艦隊三十八隻は、五月十四日に出航して北に向かいました。ところが、この情報を最後に、バルチック艦隊の行方《ゆくえ》は全《まった》くわからなくなりました。

ロシアとの戦いに負けたら、わが国はロシアの植民地か属国になることは確実でした。軍事力の強い国が弱い国を占領するということが当時の国際法で認められていたことだったからです。日本国中、すべての国民がこの戦いの勝利を祈願《きがん》し、あらゆる方法を使って、バルチック艦隊の行方を捜索《そうさく》しました。

バルチック艦隊の目的地はウラジオストックです。きっと最短距離を通る。そう読んだ東郷は、対馬《つしま》の近海で待ち伏せをすることにしました。太平洋から宗谷《そうや》海峡に抜ける航路も想定されましたが、東郷は、間違いなく対馬海峡に来るという確信を持っていたのです。

五月二十七日、ロジェストヴェンスキー中将の率いるバルチック艦隊は、旗艦《きかん》「スワロフ」を先頭に、東郷の読みどおり対馬海峡に姿を見せました。迎え撃つ連合艦隊は旗艦「三笠《みかさ》」を先頭に、戦艦四、巡洋艦二十などの計四十七隻です。

◎皇国の興廃《こうはい》この一戦にあり！

午前五時五分、連合艦隊は大本営に向けて電報を発信。電文は「敵艦見ユトノ警報ニ接シ連合艦隊ハ直《ただち》ニ出動、之《これ》ヲ撃滅セントス。本日天気晴朗《せいろう》ナレドモ波高シ」でした。

午後一時五十五分、「三笠」艦上にZ旗《ゼットき》がひるがえり、「皇国ノ興廃此《こうはいこ》ノ一戦ニアリ。各員一層奮励《ふんれい》努力セヨ」の信号が各艦に送られ、戦闘の火蓋《ひぶた》が切られました。

この戦いは翌日まで続きましたが、連合艦隊の圧勝で終わりました。当時の海戦の勝敗は、戦艦に搭載《とうさい》されている十二インチ砲の数で決まるといわれており、ロシアは合計二十六門、日本は十六門でした。しかし、連合艦隊は「Uターン・頭ねらい」作戦と一斉《いっせい》射ちでバルチック艦隊を圧倒したのです。

海戦で戦う両軍はすれ違いながら砲撃を行うのが常識でしたが、東郷はすれ違うとみせて、艦隊をUターンさせ、バルチック艦隊と同じ方向に進ませたのです。さらに、敵艦隊の先頭よりも前に進み出て、先頭の二、三艦に砲火を集中させました。また命令一下《いっか》の組織的な「一斉射ち」は、バルチック艦隊の命中率の三倍に及びました。日頃の猛訓練と冷静沈着な東郷司令長官の指揮の成果にほかなりません。

◇世界中の植民地に勇気を与えた勝利

この年始めの乃木《のぎ》大将による旅順要塞占領、三月十日の奉天《ほうてん》会戦（大山巌《おおやまいわお》元帥《げんすい》率いる陸軍がロシアのクロパトキン将軍率いるロシア陸軍を破った戦い）に続く、この日本海海戦の勝利により、わが国は日露戦争に勝利することができたのでした。

日本がロシアを破ったニュースは驚きとともに世界中を駆け巡り、ロシアに占領されたり圧迫されたりしていたフィンランド、ポーランド、トルコなどの人々はわが事のように喜び、東郷平八郎を賞讃《しょうさん》しました。これらの国々では、今でも街の通りやビール名で「トーゴー」の名を称《たた》えています。また、西欧列強によって植民地化されていた人々も、自国を独立させようという希望を強く持つようになったのです。

大正三年（一九一四）、皇太子裕仁親王《ひろひとしんのう》殿下（のちの昭和天皇）のために東宮御学問所が開設され、元帥となった東郷はその総裁に選ばれました。その折に次の歌を詠《よ》んでいます。

おろかなる　心につくす　誠をば　みそなはし《わ》てよ　天つちの神

日本人として誠を尽くし、大任を全《まっと》うせんとする姿を天地の神々よ、どうかご覧くださいという飾り気ない心情こそ、東郷の生涯を貫くものでした。

【偉人をしのぶ言葉】

「古人曰《いわ》く、勝って兜《かぶと》の緒《お》を締めよと」（連合艦隊解散式の訓示　明治三十八年十二月）

「軍備に制限は加へ《え》られても訓練に制限はありますまい」（ワシントン軍縮条約後）

〈参考文献〉
下村寅太郎著『東郷平八郎』講談社学術文庫／遠藤昭著『東郷平八郎　空白の四年間―対米作戦に向けた日本海軍の足跡』芙蓉書房出版

近代日本の指導者

27 明治天皇

めいじてんのう／一八五二～一九一二

◇国家の危機を救った天皇の誠意

欧米の強国による世界支配が進んでいた十九世紀、東洋の果ての一つの国が奇跡を起こします。明治時代の日本です。国内で長く続いた幕府と諸藩による政治体制を変革し、中央集権の立憲君主国家として急速な近代化を進め、対外的にはアジアの老大国清《しん》を破り、二十世紀初めには欧州の大国ロシアに勝利し、世界の列強の一角を占めるに至りました。その明治日本の中心にあって国家を指導されたのが明治天皇です。

明治の日本の脅威は東方進出を狙《ねら》う大国ロシアでした。まだ日本の国力もついていない明治二十四年（一八九一）のことです。ロシア皇太子ニコライがわが国を訪れたとき、わが国では官民をあげて歓待《かんたい》につとめました。皇太子は九州から神戸、京都と観光しましたが、滋賀県の大津に立ち寄ったとき、思わぬ事件が起きました。警備中の巡査《じゅんさ》津田三蔵《つださんぞう》がサーベル（洋剣）で斬りつけ、皇太子の頭部に怪我《けが》を負わせたのです。

国内は大騒ぎとなりました。ロシアとの関係はどうなってしまうのか。明治天皇は直ちに京都に赴《おもむ》かれ、皇太子を懇切《こんせつ》に見舞われました。幸い命に別条《べつじょう》ありませんでしたが、皇太子は日本人に対して強い恐怖心を抱き、神戸に停泊中のロシア軍艦に帰艦する際、信頼できる天皇に依頼して神戸まで同行していただいたのでした。

国民も皇太子を慰《なぐさ》めようとさかんに慰問《いもん》の手紙を書き、見舞いの品は軍艦の甲板《かんぱん》にうず高く積まれました。皇太子もその誠意を喜びましたが、残念なことに、本国からの命令で皇太子は帰国して療養《りょうよう》することとなったのです。

明治天皇はせめて神戸の御用邸に皇太子を招いて送別の宴《うたげ》を開こうとされましたが、逆に、皇太子からロシア軍艦に天皇をお招きしたいとの申し出がなされました。このとき伊藤博文《いとうひろぶみ》以下の重臣は顔色を失いました。この招待を受けて天皇が軍艦にお出ましになり、もしそのまま天皇をロシアに連れ去られたらどうするか。神戸に停泊中のロシア軍艦四、五隻に日本の海軍力は及ばないのです。招待を受けるべきか否《いな》か結論は出ず、結局陛下のご判断をうかがうことになりました。

陛下のご判断は明快でした。心配するには及ばない。ロシアは文明国だ。皆が心配するような行動は決してとるまい。万一そのようなことをしたら、非《ひ》は先方にある。決して恐れることはない――天皇は政府関係者を連れずに、皇族方や側近のみを連れて、軍艦をお訪ねになりました。皇太子は大いに喜んで、自ら甲板に迎え、会場に案内しました。宴は終始なごやかで、皇太子の明治天皇に対する様子は、子が親に対するような親愛の情に溢《あふ》れたものでした。天皇もきわめて快活に談笑されました。この軍艦ご訪問はロシア国内の上下にも非常な好感を与えることになりました。国家の危機は、天皇ご自身の誠意によって解決されたのです。

◇巨大な無私のお心

その十三年後、日露戦争が起きます。ニコライ皇太子は皇帝となっていました。明治天皇は最後まで平和を願われ、交渉による解決を望まれました。「四海兄弟」と題する次の御製《ぎょせい》にそのお心を偲《しの》ぶことができます。

よもの海　みなはらからと　思ふ《う》世に　など波風の　たちさわぐらむ《ん》

ロシアの東方侵略のあまりの激化に対し、わが国は自存自衛《じそんじえい》のためやむをえず開戦に踏み切ったのでした。勝算は危《あや》うい状況でした。

この戦争の二年間、天皇はお体を顧《かえり》みず軍務に励まれました。二月の開戦と同時に御座《ござ》所《しょ》にストーブは焚《た》かれなくなり、その後、厚い軍服一つで夏冬を過ごされました。前線の兵士と同じ立場に身を置こうとされたのです。

戦争には日曜も休日もなく、時間を問わずに戦闘の報告は入ってきます。わが軍の損害が少なかったとお聞きになると天皇はご安心なさいますが、敵軍の死傷が多数あったとお聞きになるとお顔が曇《くも》られました。敵将兵に対してすら慈《いつく》しみを抱いておられたのです。

同時に天皇は沈着で悠然《ゆうぜん》としておられました。開戦後まもなくわが方の軍艦四隻が機雷に触れたり衝突したりして相次《あいつ》いで沈没するという大惨事《だいさんじ》が起き、御前《ごぜん》会議の席に重苦しい空気が流れたときも、泰然自若《たいぜんじじゃく》と平常と変わらぬご様子でその報告を聞かれたのですが、日本海海戦の大勝利の興奮した報告のときもそのお姿に変わりはありませんでした。

二年間、明治天皇のお心とお姿を支えに国民は総力を挙げて戦ったのです。

◇国民を思うまごころ

明治天皇のご業績は、さらに帝国憲法の制定、国会の開設、教育勅語による教育の確立など数多くあります。そのお心の中心には天照大御神《あまてらすおおみかみ》をはじめとする神々祖先を敬い、わが子のように国民を思われるまごころがおありでした。その大御心《おおみこころ》はご生涯で九万数千首を詠《よ》まれたその御製にも示されています。

神祇《じんぎ》

目に見えぬ　神にむかひ《い》て　はぢ《じ》ざるは　人の心の　まことなりけり　（明治四十年）

述懐《じゅっかい》

照るにつけ　くもるにつけて　思ふ《う》かな　わが民草《たみくさ》の　うへ《え》はいかにと　（同三十七年）

明治天皇が亡くなられたとき、国民は嘆《なげ》き悲しみ、大きな力を失いました。世界の人々はその大帝のご生涯を追憶《ついおく》し、賞讃《しょうさん》しました。

今も明治天皇はその皇后であられた昭憲《しょうけん》皇太后とともに東京の明治神宮に祭られ、国内外の参拝客が絶えません。明治神宮が創建されて八十周年にちなんで、平成十三年（二〇〇一）に、皇后陛下は明治天皇を偲《しの》んで次の御歌《みうた》をお詠みになりました。

外国《とつくに》の　風招《まね》きつつ　国柱《くにばしら》　太しくあれと　守り給《たま》ひ《い》き

大いなる明治の時代の大いなる天皇であられます。

【偉人をしのぶ言葉】

（明治天皇崩御）　餘生――人名か雅号《がごう》か不詳――作（作者は囚人の監房の看守か）

号外の鈴の音、日に幾度《いくたび》とはげしくなれり。世に何事の起《おこ》りしか。

監内の　ものは耳そばだて　御不例の　話をききて　胸おどろかす
東《ひんがし》の　方に向ひ《い》て　手を合せ　御脳《ごのう》やすかれと　祈りまつれり
被告らは　己《おの》がことをも　うち忘れ　御脳平癒《へいゆ》を　ひたに祈れり

七月三十一日に不時の出房せしめられ　陛下崩御のこと厳《おごそ》かにつたへ《え》らる。

ききしもの　皆咽《むせ》び泣けり　わが父を　わが母を亡《うしな》ひ《い》し　時の如《ごと》くに
世の人に　恐れ憎まれし　人々も　頭《かしら》え上げず　涙にむせびぬ　（『日本思想の系譜』収集）

〈語注〉御不例―天皇の御病気のこと／御脳―貴人の病気／平癒―病気が治ること

〈参考文献〉
渡辺幾治郎著『明治天皇　上・下』明治天皇頌徳会／『明治天皇さま』明治神宮／『類纂新輯明治天皇御集』明治神宮／小田村寅二郎編『日本思想の系譜』時事通信社

異国に赴《おもむ》き現地の子供たちを教化した若き女教師

28 河原操子

かわはら・みさこ／一八七五〜一九四五／長野県生まれ

◇清国女子教育の先がけ

明治八年（一八七五）、長野県松本市に生まれた河原操子は、漢学者である父親の薫陶《くんとう》（徳をもって人を教え育て上げること）を受け、当時の大陸の清《しん》国情勢などについて父が門弟たちに語るのをそばで聴きながら育ちました。

十四歳のときに母を病で亡くし、いっそう父への孝行を心がけ、「父上には、朝夕を労《いたわ》り慰《なぐさ》めてあげる母上がないのだから、私が二倍の孝行をしよう。それには常々お話しされる清国のことを研究して、父上を喜ばせるのが一番だ」とひそかに決意し、東京の女子高等師範《しはん》学校（現在のお茶の水女子大学）に学びました。

やがて当時の女子教育の第一人者である下田歌子《しもだうたこ》と出会い、横浜のチャイナタウンにある大同学校で、清国人子女相手に教鞭《きょうべん》を執《と》ることになります。これは日本女性による清国人女子教育の先がけとなりました。

明治三十五年、上海の務本女学堂《ウーペン》から「女性教師が欲しい」と歌子に依頼があり、歌子はただちに操子を推薦《すいせん》しました。赴任《ふにん》に当たり歌子は、「あなたは日本から行く最初の女教習故《ゆえ》、確《しっ》かりやつ《っ》て下さらぬと困ります」と注意を与えました。この言葉に、操子は清国の研究のみを楽しみにしていた自らの誤りを覚《さと》り、日本女性の代表として教育者となる任の重さを噛《か》みしめたのでした。

上海に着いてまず迫られる大きな選択は、通常外国人が住む安全な「租界《そかい》」に住むか、不潔で混沌《こんとん》とした「城内」に留まるべきかという選択でした。城内は、鼻をつままねば臭《しゅう》気《き》で気絶し、目を閉じていなければ汚物に嘔吐《おうと》を催《もよお》すほど不潔で、浴場なく草なく木なく食物さえ自由を欠いていました。しかも日本人は一人も住んでいません。

操子は自問しました。「校舎も宿舎も、伝染病の温床《おんしょう》のようなこの不潔極まりない城内にあって、生徒の多くは寄宿生《きしゅくせい》（学校の施設で共同生活をする学生）なのだから、唯一の女教師である自分だけが城外の安全、快適な場に身を置いていたのでは十分に使命を果たせないではないか」と。操子は私情を抑えて「城内」に住むことを決意しました。

こうして現地の住民と寝食を共にする日本人の先生は、生徒たちから信頼され、操子の一挙一動を生徒がまねるほど慕《した》われたのです。

◇蒙古《もうこ》で花開いた女子教育

一年余りが経《た》った明治三十六年十一月、何と操子は上海から北京を経て、蒙古《もうこ》へ転勤する命《めい》を受けました。当時の蒙古には百余りの小王国があり、そのほとんどはロシアの圧力を恐れる中で、カラチン王国だけは非常に親日的でした。そのカラチン王が、女子教育の必要性を感じて日本政府に女性教師の派遣を要請《ようせい》したため、すでに上海で実績を積んでいた操子に白羽《しらは》の矢が立てられたのでした。

日本とロシアの間に不穏な空気が流れるこの時代、ロシアに近接する蒙古へ女性が単身赴《おもむ》くのは生命の危険すら伴うもので、北京からラバ（ロバと馬の合いの子）に乗って出発するときの心境を、操子は『蒙古土産《もうこみやげ》』（明治四十二年刊）と題する体験記に綴《つづ》っています。

北京在住の日本人たちに「喀喇沁《カラチン》はいづ《ず》こ」と尋ねても、「北京の東北にあり。北京よりは九日程にて達すべし」と答えるだけで、誰も確かな情報を持っていない。さすがに、「かよわき女の身には恐しくのみ覚え」つつ旅立ったと、操子は振り返っています。

訪れたカラチン王国の人々は、初めて見る外国人の操子をこう噂《うわさ》し合いました。「今度、王府へ日本人が来たから娘を連れてこいということだが、王府へ連れていってどうするのだろう」「王は百名の女児を集めて、日本へ送られるそうだ」「日本へ送ってどうするのだろう」「日本人が食べるのだそうだ」「いやそうではない、殺して膏《あぶら》を取ってシャボンをこしらえるのだそうだ」

そんな状況下で王や王妃も生徒集めに手を焼きましたが、やがて王妃の援助を受けながら開設した女学校（毓正女学堂《ユイチャン》）では、操子の懸命な努力と誠意を込めた教育が実を結び、「学生の喜びは非常なるものにて、殆《ほと》ど夢中の有様にて、勉強しながら柔かきものを掌中《しょうちゅう》にてまるむる如《ごと》く、王爺福晋《おうやふくしん》（カラチン王と王妃）は日々生徒と共に学び給《たま》ひぬ」というほどの大きな成果を上げたのです。

こうして初めは「日本人に食べられる」と思っていた親たちの間に「学堂へ行くと、いろいろなことが覚えられるそうだ」という噂が広まり、「どうぞ、私の娘を入学させてください」と願い出る者も出てきたのです。

◎日露戦争で発揮された明治の日本女性の気概《きがい》

二年余りが過ぎ、日本からの後任を得た操子はようやく帰国することになりました。惜しまれながらカラチンを離れるに際し、操子が伴った三人の少女は下田歌子が開いた実践女学校で七年間学び、カラチン王国で操子の後を継ぐような立派な教師になりました。

操子が蒙古に住んだこの時期、わが国は存亡をかけて日露戦争を戦いました。カラチンの操子は、満蒙《まんもう》各地に潜行《せんこう》する日本人諜報員《ちょうほういん》（敵の状況をひそかに探って知らせる役割の人）

の通信拠点の役目を担い、自らもカラチンで得たロシア側の情報を、北京経由で日本へ送り続けました。つまり操子は日本の国際貢献を担う教育者であると同時に、故国を遠く離れた辺境の地にあって、緊張を強いられる情報戦にも尽力したのです。「恐しといひ《い》、つらしといふ《う》は世の常の事なり。今我が故国は安危《あんき》の秋《とき》に臨みたりと聞きぬ。恐しさ、つらさをいふ《う》べき時には非《あら》ず」

この一言が、明治の日本女性の気概《きがい》をよく表しているといえるでしょう。

帰国を待ち受けていた父の計らいで見合い結婚した操子は、夫に従い長くニューヨークに住んで日米友好にも尽くしました。

操子は昭和二十年（一九四五）に熱海で亡くなります。七十年の生涯でした。

【偉人をしのぶ言葉】

「若手巾幗《きんかく》の身を以《もっ》て、遠く蒙古索漠《さくばく》の野に入りしのみならず、求めんと欲して求むべからざる時期に遇《あい》ひ、為《な》さんと欲して為す能《あたわ》はざる公事の一端にも従ひ《い》、戦後論功行賞《ろんこうこうしょう》の列にも入りたる幸を思へ《え》ば（中略）其《そ》の一端だも世に公《おおや》けにさるる事の喜ばしくて（後略）」

（『蒙古土産《もうこみやげ》』に寄せた下田歌子の序文）

〈現代語訳──髪を飾った若い身でありながら遠く寂《さび》しい蒙古の原野に住み、自ら望んだ訳ではないが国家の重大な時期に遭遇《そうぐう》して、ロシアの情報を本国へ伝えるという公的な任務の一端を担い、戦後、操子さんは勲章《くんしょう》を受けるという栄誉に浴《よく》しました。国家機密で明らかにできないことも多いが、出版によって其《そ》の一部だけでも世に知らせる機会を得たのは喜ばしいことです〉

〈参考文献〉
一宮操子著『蒙古土産』実業之日本社／上田三三生『新編人物講話集』北海道師友会

多芸多才な愛国の士

29 福本日南

ふくもと・にちなん／一八五七〜一九二一／福岡県生まれ

◇同志への友情と悲嘆

明治三十一年（一九〇〇）の夏、平戸藩《ひらど》（長崎県）出身の二十四歳の青年、菅沼貞風《すがぬまていふう》が紹介もなしに突然、福本日南を訪ねました。

「アジアを席巻《せっけん》（激しい勢いで勢力圏を広げること）する欧米の勢力に抗《こう》してわが国の自主独立を守るためにも、長年スペインの植民地に甘んじているフィリピンで南洋貿易を盛んにし、やがて同国の独立を助ける外交を展開すべし」と熱く説く貞風の見識と大志に、八歳年長の日南は素直に感服します。一夜にしてすっかり意気投合した二人は、翌年には申し合わせてフィリピンへと乗り込みます。

昨日まで　南に見つる　天《あま》つ日を　北の御空《みそら》に　今日仰ぐ哉《かな》

日南は、赤道を越えた南半球では北の空に太陽が輝くことを知り、その驚きを和歌に詠《よ》みます。そして自らを「赤日緯南之人《せきじついなんのひと》」（赤道より南にいる人）と呼び、縮めて「日南」を生涯の号としました。二人は三カ月にわたり現地調査を重ねて、いよいよ行動を起こそうという矢先、貞風はコレラに感染し、日南に看取られつつ急逝《きゅうせい》してしまいます。次の歌は同志を異国に葬《ほうむ》り帰国する日南の心境です。

思ひきや《い》　真楫《まかじ》が岡に　君を置きて　真韮《マニラ》の浦を　舟出《ふなで》せんとは

「真楫が岡」は現在マニラで一番のビジネス街となっている丘陵地、マカティのことです。失意のうちにマニラ港を船出する日南の無念と、貞風への友情とが偲《しの》ばれます。

◇多方面で一流を極めた巨人

福本日南は安政四年（一八五七）、筑前《ちくぜん》藩の城下（福岡市中央区）に生まれました。父泰風《たいふう》の薫陶《くんとう》（徳をもって人を教え育て上げること）もあって若い頃から古典や歴史への深い学識を身につけます。そしてアジア各地のみならずヨーロッパをも視察して世界情勢を肌で感じ取った上で、ジャーナリストとして活躍し、やがて「九州日報」（今の西日本新聞）の主筆《しゅひつ》

（記者のトップ）兼社長も務めました。明治四十二年には衆議院議員となりますが、当時の政界は理想家で熱血漢の日南が期待したものと大きく隔たり、早々に退いて著述と講演に専念します。

主として史論、人物論に健筆を揮《ふる》った中でも、赤穂義士の精神を伝える『元禄快挙録《げんろくかいきょろく》』は当時のベストセラーになりました。江戸時代以降さまざまに誇張、伝説化していた大石《おおいし》内蔵助《くらのすけ》はじめ四十七士の実像を、平易な文章で集大成した功績は今も評価されていいでしょう。執筆する日南としては、特に青年たちを感動させ奮《ふる》い立たせて、国家有用の人材になるよう導くことを自らの使命と自覚していました。

日南はまた、万葉調の和歌を詠み『日南歌稿』には数千首が収められているそうです。父の泰風と深い親交があった筑前藩の勤皇《きんのう》の志士にして歌人である平野國臣《ひらのくにおみ》の歌風を理想とし、その志をも継ごうと励みました。

明治時代に旧態依然《きゅうたいいぜん》とした歌壇《かだん》を激しく攻撃して短歌革新を進めたのは正岡子規《まさおかしき》ですが、万葉調作歌の先鞭《せんべん》をつけたのは、おそらく福本日南であったろうといわれるほどです。

思想、政治、言論、文学、歴史等々多面的に活躍した日南は、中学校で講演中に卒倒したことがもとで、大正十年（一九二一）に六十四歳の生涯を閉じました。

【偉人をしのぶ言葉】

「大和男《やまとお》の子の歌は作るものにあらず、唯《た》だ自《おのずか》ら成るもの也《なり》。大丈夫《だいじょうふ》の胸間に何物か横たはる《わ》あらば、慨然《がいぜん》として長嘯《ちょうしょう》せよ。浩然《こうぜん》おのづから成らんのみ。其《その》三十一文字と否《いな》とは、問はず《わ》して可なり」

（福本日南著『日南集』）

〈語注〉慨然《がいぜん》―憂い嘆くさま／長嘯《ちょうしょう》―長く口ずさむこと／浩然《こうぜん》―心が広く志の大きいさま

〈参考文献〉

『明治文学全集　九〇　明治歴史文学集（二）』筑摩書房／坪内隆彦著『維新と興亜に駆けた日本人』展転社

“Bushido”で日本精神を世界に広めた真の国際人

30 新渡戸稲造

にとべ・いなぞう／一八六二～一九三三／岩手県生まれ

◇明治天皇とクラーク博士

文久二年（一八六二）、盛岡藩の武士の家に生まれた新渡戸稲造は、札幌農学校（現在の北海道大学農学部）を卒業後、アメリカやドイツに留学した農学者であるとともに、京都大学教授、第一高等学校校長、東京大学教授、拓殖大学学監《がっかん》、東京女子大学初代学長等を務めた教育者としても有名で、農学、法学、哲学の博士号をも取得しています。

さらに国際連盟の事務次長就任、貴族院議員選任など、その活躍は国の内外に及びました。昭和八年（一九三三）八月、第五回太平洋会議の日本代表としてカナダに渡り、会議の終了後、同年十月ビクトリア市を旅行中に倒れて七十二年の生涯を閉じました。

もともと新渡戸家の家系は進取《しんしゅ》の気性《きしょう》に富んでいました。祖父の傳《つとう》は「十和田《とわだ》・三本木《さんぼんぎ》原《はら》」の新田開発を藩に働きかけ、その子の十次郎（稲造の父）と二代にわたって開発に取り組み、原野を水田に生まれ変わらせています。今日の青森県十和田市の発展は傳、十次郎父子の労苦を抜きにしてはあり得ません。

新渡戸の幼名「稲之助」は新田開発成功の翌年に生まれたことにちなんで付けられたものでした。

明治九年（一八七六）六月、東北、北海道御巡幸《ごじゅんこう》（天皇が国内を見て回られること）中の明治天皇は三本木の新渡戸家にお立ち寄りになり、原野開拓に献身した傳、十次郎父子の功績を賞讃《しょうさん》され、家族は「子々孫々克《よ》く農業に励めよ」との御言葉を賜《たまわ》っています。当時、東京で勉学中の新渡戸は母せきからの手紙で、天皇の御言葉を伝え聞いて、「農業発展に寄与することが、私の責任である」と考えたと、のちに記しています。

新渡戸が学んだ札幌農学校といえば、明治九年に来日して学校の創設に関わり、「少年よ、大志を抱け」の言葉を残して翌年帰国したアメリカ人のクラーク博士が有名です。札幌農学校に二期生として入学した新渡戸は、クラーク博士から直接学んだ一期生の勧めでキリスト教に入信しました。のちに無教会主義を唱え、「二つのJ」つまり、Jesus（イエス・キリスト）とJapan（日本）に仕えることを念願とした内村鑑三《うちむらかんぞう》も新渡戸と同期に入学してキリスト教の洗礼を受けています。

◇名著〝Bushido〟の誕生

明治十六年、東京大学に進んだ新渡戸は、面接官に「私は太平洋の橋になりたいのです」と述べました。

「日本の思想を外国に伝え、外国の思想を日本に伝える橋になりたい」というその大きな願いは、十五年余りのちに名著『武士道』となって実を結びました。

〝The Soul of Japan〟（「日本の魂」）という副題の付いた〝Ｂｕｓｈｉｄｏ〟（『武士道』）は、明治三十二年、アメリカで病気療養中に英語で書かれ、まずアメリカで出版されました。新渡戸三十八歳のときのことです。

かつてドイツ滞在中にベルギーの法学者から「日本の学校では宗教教育がなされないというが、ではどうして道徳教育をしているのか」と問われたのに即答できず、やがて日本人に善悪の道徳観念を教えているものは武士道であったと気づいたのが執筆のきっかけとなったのです。それはまた、アメリカ人メアリーと結婚していた新渡戸が愛妻に語った「日本の思想や風習」をまとめたものでもありました。

われわれが今日目にする『武士道』は日本語訳されたもので、新渡戸の教え子の矢内原《やないはら》忠雄《ただお》の訳したものが岩波文庫に入っています。新渡戸の英文〝Ｂｕｓｈｉｄｏ〟はその後フランス語、ドイツ語、ロシア語、ポーランド語、ノルウェー語、ハンガリー語など十七カ国に翻訳されて、「日本道徳の価値」を世界に知らせることとなりました。

明治三十八年、日露戦争の講和を斡旋《あっせん》したセオドア・ルーズベルト米国大統領は、終戦工作のためにアメリカ訪問中の金子堅太郎《かねこけんたろう》（ルーズベルト大統領とハーバード大学の同窓生）から贈られた〝Ｂｕｓｈｉｄｏ〟を読み、日本への認識を新たにしたという有名なエピソードもあります。

新渡戸にとって、武士道とは、「私が少年時代に学んだ道徳の教え」であり、「私の正邪《せいじゃ》善悪の観念を形成している各種の要素」でした。新渡戸は、それらを「私の鼻腔《びこう》に吹き込んだ」ものが武士道であったと言っています。すなわち、武士の家に生まれた新渡戸自身が成長する中でごく自然に身につけていったもので、それにキリスト教徒の立場から西洋や東洋の先人の言葉を多く引用対比しながら光を当てたのでした。

「義」、「勇」、「仁」、「礼」、「誠」、「名誉」など、現代の日本人にとって、改めて見直すべき精神性そのものが名著『武士道』の中には具体例を伴いつつ溢《あふ》れています。

【偉人をしのぶ言葉】

「武士道はその表徴《ひょうちょう》たる桜花と同じく、日本の土地に固有の花である。それは古代の徳が乾《ひ》からびた標本となって、我が国の歴史の腊葉《さくよう》（押し葉）集中に保存せられているのではない。それはいまなお我々の間における力と美との活《い》ける対象である。（中略）封建制度の子たる武士道の光はその母たる制度の死にし後にも生き残って、今なお我々の道徳の道を照らしている」

（新渡戸稲造著『武士道』）

〈参考文献〉

新渡戸稲造著・矢内原忠雄訳『武士道』岩波書店／李登輝著『「武士道」解題—ノーブレス・オブリージュとは—』小学館／花井等著『国際人新渡戸稲造—武士道とキリスト教—』廣池学園出版部／杉森久秀著『新渡戸稲造』読売新聞社

乃木、東郷より早く世界にその名を知られた日本軍人

31 柴　五郎

しば・ごろう／一八六〇～一九四五／福島県生まれ

◇世界から賞賛を浴びた日本人武官

柴五郎中佐の名を一躍世界に知らしめたのは、北清《ほくしん》事変、世にいう義和団《ぎわだん》の乱でした。

明治二十八年（一八九五）、日清戦争に勝利した日本は、下関講和条約を締結、清国から賠償金《ばいしょうきん》とともに台湾及び遼東《りょうとう》半島の割譲《かつじょう》（領土の主権を他国に譲ること）を受けました。しかし、ロシア、ドイツ、フランスによる三国干渉《かんしょう》によって遼東半島は返還を余儀《よぎ》なくされました。

ところが、ドイツはその斡旋《あっせん》の見返りとして山東省《さんとうしょう》の膠州湾《こうしゅうわん》を、フランスは広東省《かんとんしょう》の広州湾《こうしゅうわん》を、ロシアはこともあろうに日本に返還させた遼東半島の旅順《りょじゅん》と大連《だいれん》港を租借《そしゃく》（他国の領土を一定期間借りること）しました。また、イギリスは三国との均衡《きんこう》を盾《たて》に威海衛《いかいえい》と九龍《きゅうりゅう》半島の租借を清に認めさせました。当時の中国に対する分割競争はこのように凄《すさ》まじいものでした。

明治三十三年、清の新興宗教の一派であった義和団教徒は、清国キリスト教徒に対する取り締まりと外国人排斥《はいせき》（おしのけ退けること）を掲げて、北京《ペキン》の公使館、外国人居留地に暴徒と化して迫りました。清は義和団を取り締まるどころか、軍を派遣して義和団教徒を支援、さらに列国に対し宣戦を布告したのです。

柴は当時、北京の日本公使館に駐在武官として赴任《ふにん》していました。外国居留民は直ちに公使館に避難しましたが、公使館街は清国軍と義和団教徒に包囲されてしまいます。北京籠城《ろうじょう》戦の火蓋《ひぶた》が切られました。

各国の公使団により総指揮官に選出されたイギリスのマクドナルド公使は、各国武官の中で、柴中佐の卓越した指揮と日本軍の見事に統制された組織に最も深い信頼を置きました。柴は少ない日本軍と日本人義勇隊を駆使して、各国の義勇隊との協力のもと、公使館員とその家族、また公使館に難を逃れた清国キリスト教徒を、援軍到着までの五十五日間にわたって守り通したのです。

マクドナルド公使は、事変終了後帰国して、事の次第をビクトリア女王に報告しました。マクドナルド公使を感服させた日本軍の働きは、一年後の日英同盟を導く先鞭《せんべん》となりました。日英同盟なくしてその後の日露戦争も開戦に踏み切ることはできなかったでしょう。

柴はその後イギリス公使館付《つき》武官として赴任し、ヨーロッパ各国の国王、政府から勲《くん》章《しょう》を授与されました。

◇會津落城の悲劇

柴五郎は、どのようにして沈着冷静、外国人をも魅了《みりょう》する軍人になったのでしょうか。それは、遡《さかのぼ》ること三十三年前、戊辰《ぼしん》戦争に敗れた會津《あいづ》藩の受難の歴史を抜きにして語ることはできません。

會津藩士であった柴家は二百八十石の上級武士の家柄でした。五郎十歳の慶応《けいおう》四年（一八六八）一月、鳥羽伏見《とばふしみ》の戦いに敗れた藩主松平容保《まつだいらかたもり》は會津に帰藩し、城下に謹慎《きんしん》しました。この日から城下の様子は一変しました。戊辰の戦いは、官軍と賊軍《ぞくぐん》の戦いとされますが、松平容保は、孝明《こうめい》天皇の御親任厚く、勤皇《きんのう》の志高き武士でした。それは京都守護職の折《おり》にいただいた孝明天皇の御宸翰《ごしんかん》（天皇直筆の手紙）を終生肌身《はだみ》離さなかった、その一事を以《もっ》て証明できるでしょう。

そのような気風は、幼い五郎の心にも芽生《めば》えていました。当時を回顧した手記に柴五郎は、次のように記しています。

「三月三日、ああこの日こそ母姉妹とともに迎《え》へた最後の雛《ひな》の節句《せっく》となれり。（中略）『母上、内裏様《だいりさま》は天子様なりと聞く、誠なりや』と問《と》へ《え》るに、母は余《よ》の目を見つめてうなづけるのみなり。かく天子様を祭ること例年のごとくなるに、朝敵よ、賊軍よと征伐《せいばつ》を受くる道理なしと胸中に怒りたへ《え》がたく、母に訴へ《え》んとせるも、母の固き表情をみて思ひ《い》とどまりぬ。幼きものにとりても理解しがたきことなり」

官軍の會津侵攻が迫った八月、柴家の父と兄は各方面の防衛に出陣しました。そして祖母、母、姉、七歳の妹に至るまで、城中の貴重な食糧《しょくりょう》を浪費してはならじと籠城《ろうじょう》を遠慮して、懐剣《かいけん》にて自害して果てました。五郎のみは「男子一人なりとも生きながらへ《え》、柴家を相続せしめ、藩の汚名を天下にそそぐべきなり」と城外の叔父《おじ》の家に預けられました。

落城後、生き残った父や兄と共に青森県の下北《しもきた》半島に流されました。極寒の地で草の根を食べ、犬の肉をかじる、その生活は物乞《ものご》いにも劣《おと》るものであったと記しています。

その後、五郎は父と兄、旧會津藩士の助けを得て、創設されたばかりの陸軍幼年学校に合格して、軍人への道を歩みはじめるのです。

◇朝敵の汚名をそそいだ日

柴五郎は、諜報員《ちょうほういん》（軍事情報を収集する専門官）を志し、若き日より北京の地理を隙間《すきま》なく調べ上げていました。また、フランス語、中国語、英語の語学に堪能《たんのう》でした。北京籠城に際して、他国の公使や外国居留民から絶大な人気を博したのもそのおかげでした。

しかし、その生涯で最も光栄に浴したのは、大正天皇の即位の大礼観兵式の際でした。柴五郎中将が乗馬していた〝追風〟に陛下の目が留まり、献上奉《けんじょうたてまつ》ることになったのです。このとき記念品と金一封の御下賜《ごかし》（天皇陛下から物をいただくこと）があり、慣例として絹地に「字」を求められ、次のような和歌を清書して奉りました。

もののふの　みちひとすぢ《じ》を　たよりにて　こたへ《え》まつらむ《ん》　きみのめぐみに

旧會津藩士、柴にとって口惜しきこと限りなき朝敵の汚名に一滴の清水がそそがれた瞬間でした。

柴は、昭和二十年（一九四五）十二月十三日、祖国の敗戦を再び見定めて八十七年の生涯を閉じました。

【偉人をしのぶ言葉】（柴五郎が昭和二十年八月十五日の日記の欄外《らんがい》に記した歌）

皇国《すめくに》の　またの栄《さかえ》を　うたがはず《わ》　今日のなげきは　さもあらばあれ

〈参照文献〉

石光真人編著『ある明治人の記録―会津人柴五郎の遺書―』中公新書／村上兵衛著『守城の人―明治人柴五郎大将の生涯―』光人社ＮＦ文庫

俳句短歌の革新に生涯努めた強靱な精神

32 正岡子規

まさおか・しき／一八六七〜一九〇二／愛媛県生まれ

◇「野球」の名付け親

正岡子規は、慶応《けいおう》三年（一八六七）に現在の愛媛県松山市に生まれ、三十六歳で生涯を終えるまで、多くの先輩、同輩、後輩たちとともに、わが国の文学、特に俳句、短歌の革新に取り組んだ人です。

子規は、興味の赴《おもむ》くところ、何にでも一所懸命に取り組みました。例えば、十八歳頃からの野球への熱中ぶりは普通ではなく、野球のルールや特色を新聞で紹介しています。「打者」、「走者」、「四球」、「飛球《ひきゅう》」などの日本語は、子規がその中で用いたものです。子規は、幼少時の名前が升《のぼる》であったことに掛《か》けて、俳句等を詠《よ》む際に「野球《のぼーる》」という別名を用いるとともに、野球を題材にした俳句や短歌を詠んでいます。ここでは、連作短歌十首の中の三首を紹介します。野球の情景が目に浮かぶようです。

久方《ひさかた》の　アメリカ人の　始めにし　ベースボールは　見れどあかぬかも
打ち外《はず》す　球はキャッチャーの　手にありて　ベースを人の　ゆきがてにする
今やかの　三つのベースに　人満《ひとみ》ちて　そぞろに胸の　うちさわぎくる

◇俳句の革新へ

子規が最初に革新に取り組んだのが俳句です。子規を慕《した》って弟子となった同郷の高浜虚《たかはまきょ》子《し》や河東碧梧桐《かわひがしへきごとう》などたくさんの仲間たちと、明治二十四年（一八九一）頃から、先人たちの膨大《ぼうだい》な数の俳句を読み、自ら句作に励みました。東京大学の同窓で、生涯親密な交友を続けた夏目漱石《なつめそうせき》もまた、子規の誘いを受け句作に取り組んだ一人です。

子規は、初めて俳句を学ぼうとする人の心構えについて『俳諧大要《はいかいたいよう》』という著書の中で、特別な技巧《ぎこう》や飾り気のない素直な感情を詠んだ句に学ぶべきであり、当時の小細工《こざいく》や技巧を競う人たちの俳句を「月並風《つきなみふう》」といって激しく攻撃しました。当時、「月並《つきなみ》」という言葉は、「毎月の」という意味でしたが、子規が当時の俳句の師匠たちの詠む句を「月並風」と評して批判し戒《いまし》めたことから、その言葉に、新たに「新鮮味がなく、ありふれていて平凡でつまらないこと」という意味が加わることになりました。

◇命がけの従軍

子規は、西欧列強による侵略の脅威《きょうい》にさらされ、東アジアの厳しい情勢下にあった祖国日本の動きにも鋭敏《えいびん》に心を働かせます。

二十三歳のときに喀血《かっけつ》し、結核《けっかく》を病んでいたにもかかわらず、明治二十八年四月、日清戦争の従軍記者として自ら志願し、大連《だいれん》、金州《きんしゅう》に向かいました。従軍にあたって、文学の志を果たせずに命を落とすことを覚悟し、「僕若《も》シ志ヲ果タサズシテ斃《たお》レンカ僕ノ志ヲ遂《と》ゲ僕ノ業《ぎょう》ヲ成《な》ス者ハ足下《そっか》ヲ舎《お》キテ他ニ之《これ》ヲ求ムベカラズ　足下之ヲ肯諾《こうだく》セバ幸甚《こうじん》」（僕がもし志を果たせずに死んでしまったならば、僕の志を実現し、事業を進めてくれるのは君を除いて他にいない。君が僕の願いを承諾してくれるならば大変ありがたい）と決死の思いを示す言葉で結んだ長文の手紙を、後継者と頼む虚子、碧梧桐に書き送っています。

一カ月に及ぶ酷寒《こっかん》の地での従軍生活が体に害を及ぼして、子規は、同年五月、帰国の船上で再び喀血しました。明治三十五年九月、三十六歳で亡くなるまで、結核の病原菌が骨に感染して発症した脊椎《せきつい》カリエスという激痛を伴う病気と闘い続けることになります。

◇善き歌、悪き歌

明治三十一年、子規は、その病床から、俳句革新に次ぐ短歌革新の取り組みとして、

「歌よみに与《う》ふる書」を十回にわたって新聞に連載しました。「貫之《つらゆき》は下手《へた》な歌よみにて古《こ》今集《きんしゅう》はくだらぬ集に有之候《これありそうろう》」と言い放ち、平安時代を代表する歌人で明治時代においても短歌の神様と崇《あが》められる紀貫之《きのつらゆき》と、その貫之が中心となって編纂《へんさん》した日本初の勅撰集《ちょくせんしゅう》である『古今和歌集』を「駄洒落《だじゃれ》や理屈ツぽい者のみに有之候」と烈《はげ》しく攻撃しました。

これに対し、当時の歌詠《うたよみ》たちからは、日本文学の城壁とも称すべき勅撰集を破壊しようとのお考えか、との反論の投書が寄せられます。子規は、直ちに「代々の勅撰集の如《ごと》き者が日本文学の城壁ならば実に頼み少なき城壁にて此《こ》の如き薄つ《っ》ぺらな城壁は大砲一発にて滅茶滅茶《めちゃめちゃ》に砕け可申候《もうすべくそうろう》。生《せい》（自分）は国歌《こっか》を破壊し尽すの考《かんがえ》にては無之《これなく》、日本文学の城壁を今少し堅固《けんご》に致《いた》し度《たく》」と反論するとともに、同書の中で善き歌、悪き歌の例を挙げて具体的に評していきました。

子規が善き歌として同書で第一に取りあげたのは源実朝《みなもとのさねとも》の歌です。「時により　過ぐれば民の　なげきなり　八大竜王《はちだいりゅうおう》　雨やめたまへ《え》」（雨は民にとって恵みになるが、降りすぎれば、民に大きな悲しみをもたらす。雨乞《あまご》いの神として祀《まつ》られる八大竜王よ、もう雨を降らせるのを止《や》めてください）という歌を「上の句の表現は拙《つたな》いけれど飾り気なく一直線に詠んだ率直さが晴天を祈る歌として相応《ふさわ》しい。善き歌をつくろうなどという邪念なく実朝のまごころそのままが表されて却《かえ》って素晴らしい歌となった」と絶讃《ぜっさん》しています。

◇受け継がれた革新

子規は、俳句と短歌を近代に蘇《よみがえ》らせるための活動を展開する一方で、妹律《りつ》が育てる庭の草花、贈られた見舞いの品々、病床で思ったことなどを題材に自ら膨大な数の俳句、短歌を詠みました。子規が詠んだ俳句は約二万四千句、短歌は二千五百首に及びます。十九歳頃から始めた俳句は毎日四句を、三十二歳頃から本格的に始めた短歌は毎日二首を詠んだ計算になります。その一端《いったん》を【偉人をしのぶ言葉】で味わってください。

病苦に負けぬ子規の生涯をかけた俳句短歌革新の取り組みは、弟子や周りの人たちを大いに鼓舞《こぶ》し、叱咤《しった》激励しました。俳句については虚子や碧梧桐らに、短歌については長塚《ながつか》節《たかし》、伊藤左千夫《いとうさちお》、三井甲之《みついこうし》や斎藤茂吉《さいとうもきち》らに、子規の志が受け継がれていくのです。

【偉人をしのぶ言葉】

松山
春や昔　十五万石の　城下かな
法隆寺の茶店に憩《いこ》ひて
柿くへ《え》ば　鐘が鳴るなり　法隆寺
（以上、明治二十八年）

病中雪

いくたびも　雪の深さを　尋《たず》ねけり　　　　　（明治二十九年）

足たたば　不尽《ふじ》の高嶺《たかね》の　いただきを　いかづちなして　踏みならさましを

足たたば　北インヂアの　ヒマラヤの　エヴェレストなる　雪くはまし《わ》を

（以上、明治三十一年）

別れゆく　春のかたみと　藤波の　花の長ふさ　絵にかけるかも

いたつきの　癒《い》ゆる日知らに　さ庭べに　秋草花の　種を蒔《ま》かしむ

（以上、明治三十四年）

〈参考文献〉

正岡子規著『子規句集』、『子規歌集』、『病床六尺』、『歌よみに与ふる書』以上、岩波文庫／『文芸読本・正岡子規』河出書房新社／柴田宵曲著『評伝正岡子規』岩波文庫

台湾近代化の父

33 後藤新平

ごとう・しんぺい／一八五七〜一九二九／岩手県生まれ

◇台湾繁栄の基礎を築く

後藤新平は文政四年（一八五七）、今の岩手県奥州市水沢に生まれました。後藤は、医師を務めた後、内務省（戦前の役所の一つ。現在の総務省に当たる）衛生局長を経《へ》て、明治三十一年（一八九八）から八年八カ月にわたり、台湾総督府の総督に次ぐ地位の民政長官として台湾の近代化に尽くした人です。

台湾は日清戦争の勝利によって清国から日本に割譲《かつじょう》（領土の主権を他国に譲ること）されました。しかし、日本の領土になることを好まない住民はゲリラとなって反抗《はんこう》し、統治は順調に進みませんでした。また、マラリアやペストといった伝染病の蔓延《まんえん》も統治を妨《さまた》げる一因となっていました。あまりの統治の難しさに、政府の一部からは台湾を他国に売却すべきだとの声が上がるほどでした。

そういった状況の中で台湾に渡った後藤は、「生物学の原理」という政治哲学に基づいて統治を進めることを考えました。「ひらめの頭に鯛《たい》の目はつけられない」（【偉人をしのぶ言葉】参照）という言葉の意味するところは、異民族支配においては、統治される側の慣習や社会制度を尊重しながら、その土地に合った方法で統治を行うというものです。

それまでの台湾は清国の領域とはいえ、清国の統治が及んでいない「化外《けがい》の地」といわれており、台湾独特の自治制度が確立していました。それを否定して日本の行政制度を強引に持ち込もうとしたため、台湾人の反発を買っているのだと後藤は考えたのです。そして、旧慣習を復活させ、弊害《へいがい》がある場合にのみ徐々に改めていくことを基本方針として、徹底的に現地調査を行い、それに基づいて政策を立案していくことにしました。

後藤の政策の特徴は、大規模で計画的で徹底的なことでした。例えば、明治三十二年には、国家予算全体が約二億円であったとき、政府に熱心に掛《か》け合うことで、台湾向けに約四千万円という破格の予算を確保しました。そして、徹底的な土地と人口の調査を行った上で、大規模な都市設計や、台湾縦貫《じゅうかん》鉄道の整備、道路の拡張と延伸《えんしん》、通信網の整備、港湾の増改築など、台湾全体のインフラストラクチャー（社会基盤）の整備を行っていきました。

特に、衛生面の改善策として注目されるのが、上下水道の整備です。しかも、後藤は当時の東京にもなかった最新鋭の設備を導入しました。これにより、台湾の衛生状況は格段に向上し、統治の妨げとなっていた伝染病が消えていきました。

　また、インフラが整備されるに伴い、製糖業などの産業も徐々に盛んになっていきました。その成果として、台湾は日本が統治し始めてからわずか十年で本土からの経済的支援なしで自立経営ができるほどに成長していったのです。

　こういった植民地経営の方法は、欧米諸国には見られないものでした。植民地を富の収奪《しゅうだつ》の場と考えた欧米諸国と違い、後藤は台湾に文明を導入し、日本本土と同等かそれ以上に豊かにしようとしました。後藤が中心となって整備したインフラはその後の台湾の発展の基礎となり、今日の台湾の繁栄につながっています。後藤は「台湾近代化の父」として、今でも台湾の多くの人々に慕《した》われています。

◇関東大震災からの迅速な復興

　後藤は、台湾総督府を離れた後、南満洲《まんしゅう》鉄道株式会社総裁や内務大臣、外務大臣、東京市長等を歴任しました。そして、関東大震災が起こった直後には再度内務大臣に就任し、震災復興の陣頭指揮を執《と》りました。未曾有《みぞう》の大惨事《だいさんじ》からの復興にあたり、後藤は単に東京を元の姿に戻すだけではなく、理想的な都市に大改造しようと考えました。

　東京市長時代に大規模で計画的で徹底的な都市計画を考えていた後藤は、その計画を下敷きに東京の復興を進めていきました。将来の自動車の普及を見越して幅の広い道路整備を考えるなど、後藤の計画は時代の流れを的確に見通したものでした。まさに現代の東京の原型をつくり上げたのも後藤だったのです。

後藤は昭和四年（一九二九）に亡くなりました。生前、二度の脳溢血《のういっけつ》を患《わずら》っていましたが、わが国の北方の安全のために、ソビエト連邦（ロシア革命の後、一九二二年に誕生した社会主義国家。一九九一年に崩壊）との関係改善を願い、病後の体を押して冬のソビエトに渡るなど、最後まで政治家として精力的に活動したのでした。

【偉人をしのぶ言葉】

「ね、比良目《ひらめ》の目を鯛《たい》の目にすることはできんよ。鯛の目はちや《ゃ》んと頭の両方についてゐ《い》る。比良目の目は頭の一方についてゐ《い》る。それが可笑《おか》しいからといつ《っ》て、鯛の目のやう《よ》に両方をつけ替へ《え》ることはできない。比良目の目が一方に二つ付いてゐ《い》るのは、生物学上その必要があつ《っ》て、付いてゐ《い》るのだ。それをすべて目は頭の両側に付けなければいかんといつ《っ》たつ《っ》て、さ《そ》うはいかんのだ。政治にもこれが大切だ。

社会の習慣とか制度とかいふ《う》ものは、皆《みな》相当の理由があつ《っ》て、永《なが》い間の必要から生れてきてゐ《い》るものだ。その理由を弁《わきま》へ《え》ずに無暗《むやみ》に未開国に文明国の制度を実施しようとするのは、文明の逆政（虐政）といふ《う》ものだ。さ《そ》ういふ《う》ことをしてはいかん」

（北岡伸一著『後藤新平　外交とヴィジョン』より）

〈参考文献〉

北岡伸一著『後藤新平　外交とヴィジョン』中公新書／蔡焜燦著『台湾人と日本精神《リップンチェンシン》』小学館文庫／産経新聞取材班『日本人の足跡　世紀を超えた「絆」を求めて』産経新聞社

近代日本美術の生みの親

34 岡倉天心

おかくら・てんしん／一八六三～一九一三／神奈川県生まれ

◇国際感覚を身につけた早熟の天才

茨城県北端《ほくたん》の五浦《いづら》海岸の、数株の松を生やした断崖《だんがい》の突端《とったん》に、太平洋を見はるかすガラス張りの六角堂《ろっかくどう》が建っていました。ここ五浦は、岡倉天心が日本美術院の再興を図ったところ、また隠棲《いんせい》の地として愛したところでした。しかし今、この六角堂の姿を見ることはできません。平成二十三年（二〇一一）三月十一日、東日本大震災の大津波が根こそぎ海に運び去ってしまったからです。

岡倉天心は、文久《ぶんきゅう》二年（一八六二、三）十二月、横浜で貿易商店を営む店主の岡倉勘右衛門《おかくらかんえもん》の次男として生まれました。天心が幼少年期を送った幕末から明治にかけての横浜は、開国を境《さかい》に貿易港として急速に都市化し、外国人も多く、国際的に華やいだ街でした。天心が七歳頃からジョン・バラーというアメリカ人に英語と英会話を学んだのも、そんな環境のおかげでした。幼少期に身につけた英語力や国際感覚は、のちに天心の生き方に大きく寄与します。

天心は十三歳で東京開成学校（二年後に東京大学となる）に入学し、主に英文学を学ぶとともに、文人画《ぶんじんが》や漢詩なども修学しました。在学中の明治十一年（一八七八）、天心は将来を決定づける、ある人と運命的な出会いをします。東京大学文学部講師として着任したアメリカ人、アーネスト・フェノロサです。フェノロサは英語に堪能《たんのう》な天心を通訳として、共に日本美術の調査研究に打ち込みました。

◇〝発見〟された日本の古仏《こぶつ》

大学卒業後、天心は文部省に出仕し、最初は音楽取調掛《かかり》、しばらくして図画取調掛主任となりました。そして、フェノロサとともに欧米の美術事情視察のためヨーロッパに渡り、美術教育の現場や美術館、博物館を見て回りました。このときの経験が、天心にある確信をもたらします。「日本人は過去の伝統をよりどころとしながら、近代的な日本美術を創造していくことが大切だ」という確信です。

帰国後、明治十五年から十七年にかけて、フェノロサなどとともに、数回にわたり、京都、奈良方面の古社寺調査を行いました。なかでも、秘仏とされていた法隆寺夢殿《ゆめどの》の救世《くせ》観音像《かんのんぞう》の美しさを世に広く知らせたことはあまりにも有名です。祈りの対象としての仏像に、フェノロサと天心は美術作品としての美を〝発見〟したのでした。

明治二十二年、天心の創案により、東京美術学校（現在の東京芸術大学）が開校されました。天心は、橋本雅邦《はしもとがほう》や川端玉章《かわばたぎょくしょう》などの著名な画家や、高村光雲《たかむらこううん》などの彫刻家を教師として迎え、翌年には自ら校長となって「日本美術史」を講ずるなど、美術界の革新に努めました。

明治二十七年、人事問題で非難された天心は美術学校を去りましたが、彼を慕《した》って一緒に辞めた橋本雅邦、横山大観《よこやまたいかん》、菱田春草《ひしだしゅんそう》らとともに、東京谷中初音町《やなかはつね》に日本美術院をつくります。それまでの日本画は、線を大事な要素として用い、色彩は軽んじていましたが、新しい美術を追求する大観や春草は線を用いず豊かな色彩で描き、美術界に波紋《はもん》を起こします。

◇アジアは一つ

天心は、明治三十四年の十一月、日本の美術や文化の源泉である仏教の遺跡を訪ねるためにインドに旅立ちました。そこで、天心はイギリスの支配下で苦しんでいる人々の屈辱《くつじょく》の人生に深く心を寄せることになります。インドに旅立つ前、天心は「東洋の理想」という英文原稿を書き上げていましたが、帰国後の明治三十六年、その原稿に加筆してロンドンで出版しました。「アジアは一つだ」という有名な書き出しで始まるこの本は、わが国の美術史を丹念《たんねん》に説明しながら、西洋文明によって東洋民族が次々と独立を奪われている現状を深く憂《うれ》い、「アジアの兄弟たちよ、東洋の文化と伝統に目覚めよ、そして、西洋文明からわが身を守れ」と訴えています。

明治三十七年二月、日露戦争開戦の日に天心は横浜を発ち、アメリカに向かいました。羽織袴《はおりはかま》姿でニューヨークの街を歩いていた天心はアメリカ人の若者たちから呼び止められ、「おまえは日本人か、支那《しな》人か、ジャワ人か?」（ジャパニーズ、チャイニーズ、ジャバニーズ、ウィッチ　ニーズ、アーユー?）と面白半分に尋ねられました。天心はその若者たちをじろりと見つめ、こう応じました。「モンキー、ドンキー、ヤンキー、ウィッチ　キー、アーユー?」（おまえは猿か、驢馬《ろば》か、アメリカ人か?）。アジア人として一歩も退《ひ》かぬ覚悟と誇りに満ちた天心がそこにいました。

天心はボストン美術館の東洋部長に就任し、同美術館に集められた膨大《ぼうだい》な量の東洋美術品の整理、研究に精力的に取り組み、一年の半分ずつをボストンと日本で過ごすことになります。

明治三十八年、日露戦争にわが国が勝利すると、日本人は好戦的な国民であるという誤解が欧米諸国の間に生まれました。アジアの片隅の小国の意外な強さを、欧米諸国が警戒しはじめたのです。天心は翌年、英語で『茶の本』を出版し、日本は平和友好の民族であり、西洋列強こそ好戦的であると、皮肉を込めて書きました。この本は、欧米諸国で広く読まれ、日本文化を世界に向けて知らせる上で大きく貢献しました。

天心が、冒頭に記した五浦海岸の景勝地《けいしょうち》に別荘を定め、ここに日本美術院を移転したのは、インドからの帰国直後の明治三十七年のことでした。明治三十九年には、新潟県赤倉山中にも別荘を建て、ボストン、五浦、赤倉を往復する日々を送りました。この間、母校の東京帝国大学で「東洋美術史」を講義する機会も得ましたが、徐々に体調を崩し、大正二年（一九一三）九月、赤倉の別荘で五十二歳の生涯を終えました。

【偉人をしのぶ言葉】

「西洋がこれまで我々に教へ《え》てくれたことに対しては、多大の感謝の念を抱いてゐ《い》るが、やはり亜細亜《アジア》を我々の霊感の真の源泉と見做《みな》さなければならない」

（岡倉天心著『日本の目覚め』）

〈参考文献〉

斎藤隆三著『岡倉天心』人物叢書　吉川弘文館／岡倉天心著『茶の本』、『日本の目覚め』以上、岩波文庫

台湾近代教育の父
35 楫取道明
かとり・みちあき／一八五八〜一八九六／山口県生まれ

◇六士《ろくし》先生の悲劇

日清戦争が終結して間もない明治二十八年（一八九五）六月、新たに日本領となった台湾に、後世「六士《ろくし》先生」と讃《たた》えられる日本人教師たちが渡ります。清朝《しんちょう》の下で「化外《けがい》の地」（統治が及ばない未開地）と呼ばれた台湾の発展には、近代化しつつある日本の文物をスムーズに移転することが求められ、その基礎として島民の日本語教育は不可欠でした。台湾総督府学務部長の伊澤修二《いざわしゅうじ》とともに逸早《いちはや》く赴任《ふにん》した六人は、日本語学校の設立準備を進めます。

しかし当時台湾には子供たちを学校に通わせる習慣がなく、説得のために教師のほうから親へ月謝を支払ったり、通ってくる子供の家でその子に代わって家事手伝いをしたりと、涙ぐましい努力を重ね、台北郊外の丘陵地に「芝山巌学堂《しざんがんがくどう》」を開校しました。六人の教師たちの年齢と出身地は次のとおりです。

楫取《かとり》　道明《みちあき》　（三十七歳　山口県萩）　関口《せきぐち》　長太郎《ちょうたろう》（三十六歳　愛知県西尾）
桂《かつら》　金太郎《きんたろう》　（二十六歳　東京府綾瀬）　中島《なかじま》　長吉《ちょうきち》（二十五歳　群馬県碓氷）
井原《いはら》　順之助《じゅんのすけ》（二十三歳　山口県那珂）　平井《ひらい》　数馬《かずま》（十七歳　熊本県松橋）

関口は国内ですでに高等小学校の校長を務め、最も経験豊富でした。桂と中島は東京師範学校（現在の筑波大学）の同期生です。また井原と平井は語学の才能に優れるなど、それぞれに持ち味を生かし熱心な指導に当たりました。そして半年経《た》ってようやく軌道《きどう》に乗りはじめた頃、明日は新年の祝賀会が総督府で開かれるという大晦日《おおみそか》に、付近で武装蜂起《ほうき》の恐れありとの情報がもたらされます。

教え子から、早めに逃げるよう勧められた校長格の楫取道明は「我々は教育に携わる文官で武備はないが、この危難に遭遇《そうぐう》して文力では敵に抗《こう》することができないといって避ければ、日本人としての道を外《はず》れることになる。すべてを吾《われ》らの職務のために尽くし、職務と存亡《そんぼう》を共にするのみである」と筆談《ひつだん》で答えています。

明けて明治二十九年元旦、台北に向かって下山した六人は、渡し船の船頭たちがみな避難して移動手段がないことを知ります。止むなく芝山巌に戻ったところで、「土匪《どひ》」と呼ばれるゲリラ約百名の襲撃《しゅうげき》を受けることになります。いったんは説諭《せつゆ》（間違った行いを改めるよう説き聞かせること）を試みましたが、ついには竹槍《たけやり》やこん棒で襲《おそ》いかかられて六人全員が惨殺《ざんさつ》されてしまいました。これが「芝山巌事件」のあらましです。

◇源流は松下村塾

事件から半年後、この大悲劇にもかかわらず、次期の派遣教師募集に応じて選抜された四十五名は、一人の脱落者もなく赴任《ふにん》し、「六士先生」の志を継いで「芝山巌学堂」を再開します。以降も後続の日本人教師と、学堂を卒業した台湾人教師たちの連携協力により、日本語での義務教育は全土に普及していきます。昭和十九年（一九四四）には、台湾の子供たちの就学率は実に九十二・五％に達し、他の欧米植民地諸国とは雲泥《うんでい》の差でした。

現在、学堂跡は「芝山公園」となり、その中心には伊澤が六人の遺灰《いはい》を納めて建てた「学務官僚遭難之碑《そうなんのひ》」（伊藤博文首相の揮毫《きごう》）が復元されています。遭難から百周年の平成七年（一九九五）には「六士先生の墓」も整備され、「台湾近代教育の父」として今なお尊崇《そんすう》を集めているのです。

さて、楫取道明は安政五年（一八五八）の生まれで、父は「松下村塾《しょうかそんじゅく》」の高弟小田村伊之助《おだむらいのすけ》、母は吉田松陰《よしだしょういん》の妹ひさです。初節句のときに獄中《ごくちゅう》の伯父《おじ》松陰から祝いの漢詩を贈られています。体があまり丈夫でなく、役所勤めを退いて一時帰郷していましたが、新天地で国のために尽くしたいと台湾行きを志願します。道明たち「六士先生」が命懸《が》けで始めた教育の指針は「芝山巌精神」と呼び習わされていますが、その淵源《えんげん》は偉大な伯父《おじ》の「松下村塾」にあったのかもしれません。

【偉人をしのぶ言葉】

松陰神社祭日に
郭公《ほととぎす》　声もあはれに《わ》　聞こゆなり　なれも昔を　偲《しの》びてぞなく

〈解説―吉田松陰を祀《まつ》る神社の祭礼〈安政の大獄《たいごく》により松陰が萩から江戸に向けて送られた五月二十五日に因《ちな》んだ日〉に参拝した折《おり》、楫取道明が詠《よ》んだ和歌。郭公に「お前も昔が懐かしいのか」と語りかけながら、ありし日の伯父松陰を偲《しの》んでいます〉

〈参考文献〉
篠原正巳著『芝山巌事件の真相』和鳴会／名越二荒之助・草開省三著『台湾と日本・交流秘話』展転社

夫を助けて富士山頂の冬期気象観測に挑んだ女性

㊱野中千代子

のなか・ちよこ／一八七一～一九二三／福岡県生まれ

◇「私も頂上へお手伝いに参ります」

日本は明治二十八年（一八九五）に日清戦争に勝利を収めますが、この頃、わが国では近代国家の仲間入りをせんと、さまざまな研究や実践への取り組みが始められました。

気象観測もその一つでしたが、天気予報の技術はまだまだ確立されていませんでした。できるだけ高地の気象データを集めた上で、地上の天気の移り変わりを解明するという実験が欧米で始まっていましたが、日本にもただ一人、冬の富士山頂で気象観測に当たるという情熱と勇気溢《あふ》れる若き科学者が現れました。

慶応《けいおう》三年（一八六七）生まれの野中到《いたる》です。そして夫を助けてこの難事業に共に取り組んだ妻千代子は、明治四年の生まれでした。二人とも現在の福岡市出身、幼なじみの従兄妹《いとこ》という、この夫妻には、まだ乳呑《ちの》み児《ご》の長女園子《そのこ》がいました。

二人が結婚する三年前から、到は、富士山頂に私費で気象観測所を建てたいといい出しました。初代東京天文台長の寺尾寿《てらおひさし》博士や中央気象台の和田雄治《わだゆうじ》技師は、「高所における冬期観測は世界初で、日本の名を高める快挙《かいきょ》となろう」と到の計画に賛同《さんどう》し、助言協力を約束しました。

明治二十八年の真冬二月に、到は事前調査を兼《か》ねた富士登山を試みます。服装、装備は前例がないため一つ一つ工夫し、登山靴《とざんぐつ》の底に細工した釘《くぎ》を打ち込んで雪道用のスパイクをつくり、毛布を使った防寒靴も用意しました。こうして日帰りで山頂往復を成功させた到は、夏には静岡県御殿場《ごてんば》を拠点にして、富士山頂の「野中観測所」建設を進めました。

急に高地へ登ると誰もが高山病にかかり、頭痛、吐気《はきけ》、浮腫《むくみ》などに悩まされるものです。夏でも寒風の吹く富士山頂で、到の志に共鳴する「強力《ごうりき》」と呼ばれる地元の青年たちは、薄い空気に息を切らしながらも協力して観測所を完成させました。わずか六畳二間《ろくじょうふたま》ほどの建物でしたが、冬の厳寒をしのぐために知恵を絞《しぼ》った到の設計は形になったのです。

食糧調達は千代子の仕事でした。冬場半年分の米、味噌《みそ》をはじめ、山頂の越冬に耐えるための副食品や甘いものを買いそろえます。さらに燃料の薪炭《しんたん》や懐炉《かいろ》も必需品です。誰も気づきませんでしたが、到一人分にしては多過ぎる量が頂上へと運び上げられました。

到は準備を終えて東京に戻る妻子を「今生《こんじょう》の別れ」の覚悟で見送りましたが、千代子は内心で「私も頂上へお手伝いに参ります」と決意を固めたのです。御殿場駅から千代子は東京の義母宛てに手紙を書きます。そこには「是非《ぜひ》にわらわ（私）、御供《おとも》致し度《たく》、兎《と》にも角《かく》にも安閑《あんかん》と致し居るべき時には候《そうら》はず」と、夫の観測を助けるために居ても立ってもおられない、一途《いちず》な心情が表れています。

そして母子は、東京と逆方向へ汽車を乗り継ぎ福岡へ戻ります。実家の両親に計画を打ち明けて園子の養育を依頼し、毎日、福岡と佐賀県の境にある標高千メートルほどの脊振《せふり》山《やま》で足腰を慣《な》らしながら富士登山に備えます。難題は服装で、想像を絶する寒さから身を守るには当時の日本女性の着物は全《まった》く役に立ちません。千代子が男性用の下着を穿《は》くというと、はしたないと母親が猛反対します。一方、特注の外套《がいとう》（防寒などのため、衣服の上に着る衣類）をつくってくれたのも母です。未知の世界に思いを馳《は》せながら支度《したく》を整えたのです。

◇富士山頂気象観測の礎《いしずえ》を築く

こうして十月十二日、強力たちの助けを借りつつも千代子は、確かな足取りで登頂し夫に合流します。到は驚き下山を促しますが、妻の意志が勝《まさ》り、ここから二人の越冬生活がはじまりました。

十日余り前に登頂して観測を始めた髭面《ひげづら》の到は明らかに疲れていました。昼夜の別なく二時間おきに気温、風力、気圧等を測定する仕事を単独で続けること自体が無謀《むぼう》です。合流した千代子はやがて、食事や到の世話だけでなく観測作業も分担したいと言い張ります。予《あらかじ》め専門書を読んで気象観測の基礎まで身につけていたことに到は驚き、互いの信頼は一層深まります。千代子の扁桃腺《へんとうせん》が腫《は》れ呼吸が困難になると、到は咽喉《のど》の奥の膿《うみ》を錐《きり》で突き出し治してやります。中央気象台の提供した計器類は想定を遙《はる》かに上回る極寒のため次々と故障し、疲労の限界を超えてほとんど動けなくなった到に追い打ちをかけますが、二人は励まし合い助け合いつつ、一日も休まずにできる限りのデータを収集し続けました。

やがて訪れた慰問《いもん》団の報告により、二人の命懸《が》けの挑戦は全国的な関心を呼びます。「到、重態《じゅうたい》」と新聞に載った十二月十九日には、救助隊が編成されます。何しろ極寒の富士山頂から、動けない到と千代子を背負って下山するのですから、日頃鍛え上げた強力たちにとっても、一世一代決死の大仕事でした。到は観測継続を懇願《こんがん》しますが、三カ月に及ぶ激務と高山病による衰弱《すいじゃく》は隠しようもなく、捲土重来《けんどちょうらい》（一度失敗したものが、再び勢力をもりかえしてくること）を期《き》すしかありませんでした。氷の斜面と化した山道を、ツルハシで階段を刻みつつ、遂《つい》に御殿場まで二人を無事に救出したのです。

千代子は一週間で回復し、到の世話に当たります。数年を経て全快した到は、富士山に通年観測の施設を建設する運動の先頭に立ちます。その夢が実現するかに思えた大正十二年（一九二三）、悪性インフルエンザの流行が野中家を襲《おそ》います。到と五人の子供たちを看病し回復させた千代子でしたが、自身も感染してあっけなく世を去ってしまいました。
まだ千代子の存命中「富士山頂冬期気象観測の功績」に対する褒章《ほうしょう》の打診がありましたが、「あの仕事は千代子と二人で取り組んだので自分一人では受けない」と到は固辞《こじ》します。昭和七年（一九三二）、富士山頂に完成した国立気象観測所で通年観測が始まると、六十五歳になった到は新施設を視察して三十七年前の野中観測所跡も訪れます。そして廃墟《はいきょ》に残る一本の柱と錆《さ》びた釘に追憶《ついおく》の涙を流します。それは千代子が自分の外套を掛《か》けるために打ったものでした。千代子の功績を誰よりも認めていたのは到だったのです。

【偉人をしのぶ言葉】
けふ《きょう》こそは　御代《みよ》の祝ひ《い》の　時なれや　いざや御旗《みはた》を　打ち掲《あ》げぬべし

（解説―十一月三日は明治天皇のお誕生日。高山病と闘いつつも二人は山頂に日の丸を掲げようとして忽《たちま》ち強風に吹き飛ばされます。国民の一人として祝賀の心境を綴《つづ》った千代子の和歌です）

〈参考文献〉
新田次郎著『芙蓉の人』文芸春秋／野中千代子『芙蓉日記』私家版

世界第一級のサムライ化学者

37 高峰譲吉

たかみね・じょうきち／一八五四～一九二二／石川県生まれ

◇化学の威力と魅力を教えてくれた父

高峰譲吉は、永《なが》らく鎖国していたわが国がペリー来寇《らいこう》によって開国を迫られた安政元年（一八五四）に、加賀藩（石川県）の典医《てんい》（幕府や大名のお抱え医者）高峰精一《せいいち》の長男として生まれました。

加賀藩は絹《きぬ》の産地でした。絹は蚕《かいこ》の繭《まゆ》から得られますから、その中にある蛹《さなぎ》はまさに産業廃棄物です。しかし、この蛹に豊富に含まれる窒素《ちっそ》成分を化学変化させれば硝石《しょうせき》に変えることができます。

精一は蘭方《らんぽう》医学（西洋医学）を学んだ医師で、化学にも通じていたので、どのように硝石が生じるか化学的に理解していたのです。加賀藩が開設した先端技術センターである「壮猶館《そうゆうかん》」の化学研究員に任じられた精一は、化学実験を繰り返しながら工夫を重ね、伝統的な手法に改良を加え、ついに「再結晶法」によって純粋な硝石をつくりだすことに成功したのです。

父親の実験を見ていた幼い譲吉は目を丸くしました。釜《かま》で煮詰めた褐色の溶液に灰汁《はいじる》を加えた樽《たる》の中には、白くキラキラ光る美しい結晶、硝石が現れていたのです。捨てるしかなかった物質を変化させ、新しい物質をつくりだす化学の威力を、このとき譲吉は大きな驚きとともに思い知ったのでした。

◇長崎、京都、大阪、東京、そしてイギリスへ

黒船の来寇以来、新しい国づくりに日本中の藩が動き出した時代にあって、百万石といわれた豊かな加賀藩も例外ではありませんでした。外国語に通じた蘭学者《らんがくしゃ》が続々と現れ、化学をはじめ海外の優れたものをどしどし取り入れようという空気が満ちていました。

父の姿を見ながら少年期を迎えた譲吉は、自分自身が新しい時代の波に洗われるのを感じたことでしょう。譲吉たちが藩から選抜され、長崎に派遣されることになったときも奮い立ったに違いありません。慶応《けいおう》元年（一八六五）、譲吉数《かぞ》え十二歳のときのことです。

長崎にはイギリス人やアメリカ人やオランダ人などがたくさんいます。まだ、きちんとした学校があったわけではありませんが、向学心に燃え立つ譲吉たちは外国語や化学をどんどん吸収していきました。

明治元年（一八六八）、長崎から戻った譲吉は、引き続き京都、大阪などで化学の勉強に打ち込みます。さらに東京の工部省工学寮に進み、工部大学校（現在の東京大学工学部）応用化学科を首席で卒業しました。そして明治十三年、イギリスに留学し、発達した近代工業を目の当たりにすることになるのです。

◇世界で初めてアドレナリンの精製に成功

明治十六年、譲吉はイギリスからアメリカを経由して帰国し、農商務省工務局勧工課御《ご》用掛《ようがかり》となりました。ちょうど特許の国際条約である「工業所有権の保護に関するパリ条約」が成立した年です。

明治十八年四月にわが国でも専売特許条例が公布されますが、譲吉はその前年に派遣されたニューオーリンズ万博からの帰途、首都ワシントンを訪問して特許制度の関連資料を収集して帰国しました。譲吉は自らの研究成果について専売特許を出願します。化学研究の成果は特許制度によって世の中に広く生かされることを知っていたからです。

明治二十年末、譲吉は東京に人造肥料会社を設立し、過燐酸《かりんさん》石灰肥料の製造販売のビジネスを開始、この工場の隣に「私設製薬所」を建て、アルコール発酵《はっこう》の研究を始めました。日本の醸造法《じょうぞうほう》の特許を得ておこうと考えたからです。そして「元麹《もとこうじ》改良法」により、種麹のエッセンスである元麹を発明したのでした。

明治三十年、譲吉は、アメリカの製薬会社パーク・デイヴィス社とコンサルタント・エンジニアの契約を結び、シカゴからニューヨークへ移り住みます。当時の欧米の医学、薬学の分野で最も注目されていたのは副腎抽出液《ふくじんちゅうしゅつえき》でした。動物の副腎からの抽出液は、血圧を上昇させたり、出血を止めるのに強い効果があることが知られていましたが、不純物も混ざっていて成分が変化しやすく、安定した薬として使えるものではありませんでした。パーク・デイヴィス社は副腎抽出液の有効成分を分離し、精製品をつくることを譲吉に求めました。

明治三十三年、若い化学、薬学の研究者上中敬三《うえなかけいぞう》が譲吉の実験助手としてやってきます。上中は東大医学部薬学科で薬学を学び、卒業後は日本で最新の薬学研究と化学実験の技量を身につけていました。上中は副腎抽出液から沈殿結晶を得るたびに、世界の著名な研究者が開発した試験法で確認をし、一滴ずつ薬品を加え、少しずつ条件を変えながら確認する方法をとりました。

こうして、上中の力を借りた譲吉はアドレナリンの結晶を精製することに世界で初めて成功したのです。

◇日米友好の桜

アメリカの首都ワシントンのポトマック河畔《かはん》のタイダルベイスン入り江には、毎年春になると数千本の桜が咲きそろう名所があります。「桜祭り」には全米から七十万人の観光客が訪れるといいます。この桜並木は、譲吉らが奔走《ほんそう》し、幾多《いくた》の困難を克服して明治四十五年三月に、日米友好親善のシンボルとして尾崎行雄《おざきゆきお》東京市長から贈られたものです。

大正十一年（一九二二）七月、ニューヨークの病院で譲吉は亡くなります。享年《きょうねん》六十八。折《おり》しも日米関係に暗雲たち込める時期でしたが、ニューヨークの大新聞は、譲吉が優れた化学者、実業家であっただけでなく、生涯を通じて日米両国の親善友好に尽くした〝友人〟として讃《たた》えることを忘れませんでした。

【偉人をしのぶ言葉】

「西洋ですでに充分に発達した工業を日本に導入しようというのであれば、その道で現にやっているベテラン技術者をヨーロッパから連れてくるのが最適だ。先人の跡を追うことをくだらない、などというつもりはないが、自分としては日本固有の産業や技術を掘り起こしてみたい。その分野に最新の化学の知識を応用してみたい」

（塩原又策著『高峰博士』より）

〈参考文献〉
飯沼和正・菅野富夫著『高峰譲吉の生涯―アドレナリン発見の真実』朝日選書／山嶋哲盛著『日本科学の先駆者 高峰譲吉―アドレナリン発見物語』岩波ジュニア新書／北國新聞社編集局『サムライ化学者、高峰博士』時鐘舎新書／真鍋繁樹著『堂々たる夢―世界に日本人を認めさせた化学者・高峰譲吉の生涯』講談社／塩原又策著『高峰博士』大空社

近代文学史上に残る女流作家

38 樋口一葉

ひぐち・いちよう／一八七二〜一八九六／東京都生まれ

◇貧困の中でも燃やし続けた向学心

五千円札の肖像画でおなじみの樋口一葉は、明治五年（一八七二）、東京に生まれました。本名は奈津《なつ》、通称は夏子《なつこ》。一葉と名乗り始めたのは二十四歳頃のことでした。

甲州中萩原村（山梨県甲府市）の農家の長男であった大吉は、同じ村の娘あやめと恋仲になるものの結婚を許されず、安政四年（一八五七）、二十七歳のとき身重《みおも》のあやめとともに、同郷の知人を頼って、江戸へ駆け落ちしてきました。これが一葉の両親です。

蕃書調所《ばんしょとりらべしょ》（幕府が設立した洋学の教育研究機関）の用務員を振り出しに、夫婦共働きで苦労を重ね、十年後、士族の身分を手に入れました。しかし、これが江戸幕府の崩壊直前のことだったために、せっかく手に入れた士族の身分も明治維新を境《さかい》に紙くず同然となり、一家の生活を豊かにすることにはほとんど役に立ちませんでした。

一葉は明治十年三月、五歳で私立吉川学校へ入学しました。四歳の頃から草双紙《くさぞうし》（絵入りの娯楽本）を読み耽《ふけ》り、新聞を毎日、父親に読んで聞かせたほか、滝沢馬琴《たきざわばきん》の『南総里見八犬伝《なんそうさとみはっけんでん》』も三日間で読み終えたといいます。吉川学校に三年半、青海学校に二年学び、満十一歳で小学高等科第四級を首席で卒業しましたが、三級への進学をめぐって、娘にもっと勉強をさせたい父親と、「女には学問をさせるよりは裁縫《さいほう》や家事を習わせたほうがよい」という母親の言い争いになります。

結局、母親の意見が勝ち、一葉は通算六年足らずの通学で小学校を終え、それが最終学歴となりました。進学を希望していた一葉は、このことを日記に「死ぬ計《ばかり》悲しかりしかど、学校は止めになりにけり」と記し、悔《くや》しさをにじませています。

それでも旺盛《おうせい》な向学心は衰《おとろ》えず、十四歳のときに中島歌子《なかじまうたこ》の歌塾「萩《はぎ》の舎《や》」へ入門します。

◎希望から挫折、そして開花へ

一葉が「萩の舎」の門を叩《たた》いた明治十九年、長兄が病死、その二年後に事業に失敗した父も失意のうちに亡くなりました。十七歳の一葉は、支柱を失って困窮《こんきゅう》する樋口家の戸主《こしゅ》として、一家の暮らしを支える立場に立たされました。

一年後、中島歌子の内弟子となって中島家に住み込み、女中《じょちゅう》のような仕事もしながら家計を支え、二十歳になった頃、東京朝日新聞の小説記者である半井桃水《なからいとうすい》に小説の手ほどきを受けます。桃水に恋心を抱いた一葉でしたが、「売れる小説」を書くように教える桃水に、一葉はけっして素直には従いませんでした。

一葉は、文章の中に自分の気持ちを吐露《とろ》して、自分の悩み、人生の問題を取り上げることが、文学にとって大切なことだと考えるようになり、それを守り通していくのです。

明治二十五年、二十一歳の一葉は桃水の指導のもとで、第一作『闇桜《やみざくら》』を「武蔵野《むさしの》」創刊号に発表しました。この後、「萩の舎」の知人から桃水との仲を中傷された一葉は桃水との絶交を決意し、以後疎遠《そえん》となってしまいます。

一方、一葉の小説は期待するほどのお金にはなりませんでした。そこで、生計を立てるために妹の邦子《くにこ》と決断し、下谷《したや》龍泉寺町に移り、家庭用品や駄菓子《だがし》を売る荒物屋《あらもの》を開業しました。

小説を書くペンを算盤《そろばん》に持ち替えて商売に精を出そうと決意した一葉でしたが、店は十カ月でたたみ、翌年の明治二十七年には本郷に移ります。

しかし、荒物屋を営んだ十カ月間は、小説家一葉を大きく育てる時間でした。龍泉寺町は下町であり、遊郭吉原《ゆうかくよしわら》の裏に位置していました。下町や遊郭に住む子供たちや大人のあけっぴろげな生活を目の当たりにして、社会の底辺に住む人たちと哀感《あいかん》を共にした体験が、

『にごりえ』『十三夜』などの名作を生み出すことにつながりました。

本郷での創作活動はいよいよ活発化し、やがて明治二十九年、かつて「文學界」に連載した『たけくらべ』を一括発表するに及んで、幸田露伴《こうだろはん》や森鷗外《もりおうがい》らから絶讃《ぜっさん》を受けることとなり、世評はいやが上にも高まりました。

◇女性として、国民として

一葉にはまた、十五歳のときから樋口夏子の名前で書き始めた丹念な日記が残されていますが、この日記には女性らしい細やかさとともに国民の一人として世情を憂《うれ》える真情が溢《あふ》れています。日清戦争の前年の明治二十六年十二月二日に下谷龍泉寺の荒物屋で、母と妹が寝静まった夜半に書いた『塵中日記《じんちゅうにっき》』には次のように記されています（引用は現代語訳）。

「（前略）このように外にはいろいろ心配すべきことが多くあるにもかかわらず、内は兄弟げんかのように党派が争って議場の神聖をそこない、私欲のことばかり考えて公益を忘れている人々は、数えればきりがありません。汚れる水は一朝にして清めることは難しく、流れゆくわが国の行く末はどうなるのでしょう。外には鋭い鷲《わし》の爪《つめ》（ロシアの国の紋章）や獅子《しし》の牙《きば》（イギリスの国の紋章）があり、インド、エジプトの前例を聞いても身は勇み立ち、魂が震える。無力な女の身で物好きにすぎないと後の人に嘲《あざけ》りを受けるかもしれないが、こんな世の中に生まれ合せた身で、することもなしに終わってしまって良いのだろうか。

吹きかへ《え》す　秋のゝ風に　をみなへ《え》し　ひとりはもれぬ　ものにぞ有《あり》ける」

最後の歌は、秋の野風が吹きすさぶ中、つまり東アジアをロシアやイギリスがねらっている緊迫した国際情勢下にあって、女性（女郎花《おみなえし》）だからといって、この局面を傍観《ぼうかん》するわけにはいかない、の意です。

荒物屋で母と妹の暮らしを支えながら、二十二歳の女性が貧困のどん底で、世情を憂え国民の一人として気概を示しているこの日記の文章に、明治の精神の一端を垣間《かいま》見ることができるでしょう。

『にごりえ』、『たけくらべ』などの名作を次々に発表して注目を集め始めた矢先の明治二十九年十一月二十三日、一葉は肺結核《はいけっかく》に倒れて、二十四年の生涯を閉じました。


【偉人をしのぶ言葉】

「秋雨しとしとと降るかと思へ《え》ばさつ《っ》と音して運びくる様な淋《さび》しき夜、通りすがりの客をば待たぬ店なれば、筆やの妻は宵《よい》のほどより表の戸をたてて、中に集まりしは例の美登利《みどり》に正太郎、その外には小さき子供の二三人寄りて細螺《きしゃご》はじきの幼げな事して遊ぶほどに、美登利ふと耳を立てて、あれ誰《た》れか買物に来たのでは無いか溝板《どぶいた》を踏む足音がするといへ《え》ば、おやさうか、己《おそ》いらは少《ち》つとも聞かなかつ《っ》たと正太もちうちう《ちゅうちゅう》たこかいの手を止めて、誰れか中間《なかま》が来たのでは無いかと嬉しがるに、門《かど》なる人はこの店の前まで来たりける足音の聞えしばかりそれよりはふつ《っ》と絶えて、音も沙汰《さた》もなし」　（樋口一葉著『たけくらべ』）

〈参考文献〉
杉山武子著『一葉樋口夏子の肖像』績文堂出版／樋口一葉著『にごりえ・たけくらべ』新潮文庫

不朽の名曲『荒城の月』の作曲者

39 瀧 廉太郎

たき・れんたろう／一八七九〜一九〇三／東京都生まれ

◇わが国近代音楽史上最初の〝作曲家〟

「もういくつ寝るとお正月」と口ずさめば、たちまち童心《どうしん》に返る人も多いことでしょう。この『お正月』の作曲者が、あの有名な『荒城《こうじょう》の月』を作曲した瀧廉太郎であることを知る人は少ないのではないでしょうか。

瀧は、わが国近代音楽史上で〝作曲家〟と呼ぶことのできる最初の人です。明治十二年（一八七九）に東京で生まれた瀧は、内務省（現在の総務省）勤務の父の度重《たびかさ》なる転任で、横浜、富山、大分の竹田《たけた》と移り住み、級友とやっと親しくなり始めた頃にまた転校という小学生時代を送りました。

竹田に岡城址《おかじょうし》（城跡）があります。ここに登れば阿蘇《あそ》の山並《やまな》み、九重《くじゅう》の山を望むことができます。城壁は蔦蔓《つたかずら》に覆《おお》われ、石段は苔《こけ》むしています。後年、明治詩壇《しだん》にその名が聞こえた土井晩翠《つちいばんすい》の作詞「荒城の月」に魂を吹き込んだ瀧には、幼い頃に遊んだ岡城の俤《おもかげ》があったことでしょう。

竹田に落ち着いた瀧は学校でも人気者でした。独楽《こま》回しの上手《うま》かったことも語り草ですが、何といっても彼の特技は音楽でした。特に級友の目をみはらせたのはヴァイオリンで、ひとたび瀧の手に触れると驚くべき妙音《みょうおん》を奏《かな》で、天稟《てんぴん》の才（生まれもった才能）に感嘆《かんたん》させられたといいます。「学校の式場でオルガンの弾奏《だんそう》を許されてゐ《い》たのも君、裏山で尺八《しゃくはち》を吹いて全校生徒を感激させたのも君、それは稲葉川の川瀬《かわせ》の和した忘れる事の出来ない韻《いん》律《りつ》（リズム）であつ《っ》た」と、瀧の銅像の碑文《ひぶん》に同窓の友が刻んでいます。

音楽の道を志した瀧は十六歳のとき東京音楽学校（現在の東京芸術大学）に晴れて入学を許されましたが、この若さでの合格は前例のないことでした。

日清戦争の戦勝に沸《わ》く中、瀧は一所懸命に音楽の道に励みました。ピアノ演奏でめきめきと才能を伸ばす一方、作曲にもその天分を表しはじめます。

組歌『四季』は瀧が自信を持って作曲編纂《へんさん》した芸術性の高い作品で、その序文に、多くの翻訳唱歌は日本語の訳詞を無理にはめ込んだぎこちない歌が多いことを嘆《なげ》き、次のように決意を述べています。

「余《よ》（私）は敢《あえ》て其欠《そのけつ》（欠点）を補ふ《う》の任に当るに足らずと雖《いえど》も、常に此事《このこと》を遺憾《いかん》とするが故《ゆえ》に、これ迄《まで》研究せし結果、即我《そくわが》歌詞に基《もと》きて作曲したるもの《の》ゝ内二、三を公《おおやけ》にし、以《もっ》て此道《このみち》に資《し》する所あらんとす」。日本の翻訳唱歌の欠点をいつも残念に感じてきたので、オリジナルの歌詞に基づいて作った曲のうち二、三を公表して、日本の音楽の役に立ちたいと、瀧はいうのです。

翻訳したものではなく日本語で作られたもので、〝春〟を歌った『花』は芸術的な日本歌曲の第一号であり、のちに唱歌として日本中の子供たちに歌われました。そして『箱根八里』『荒城の月』等の傑作《けっさく》を次々に生んでいきます。

「箱根の山は天下の険《けん》（けわしい場所）、函谷関《かんこくかん》（中国・秦《しん》の時代の交通の要所。昔からこの地を舞台とした戦いは数知れない）も物ならず」に始まる『箱根八里』の歌詞が作曲課題作品として提出され、こんなに曲を付けにくい歌詞はないと先輩作曲家一同が尻込《しりご》みする中、学校を卒業したばかりの瀧が見事に曲を付けたので、一同は舌を巻いたといいます。

◇異国の人を感動させた日本的感性

二十二歳のとき、瀧はドイツへ留学を命じられます。出発間際《まぎわ》まで努力を傾けたのが『幼稚園唱歌』でした。子供たちによくわかり、楽しんで歌える、話し言葉の歌はできないものだろうかと、『お正月』の作詞者である東《ひがし》くめ夫人が瀧に相談を持ちかけ、『鳩ぽっぽ』の詞を瀧に渡すと、「これはよい歌だ」と口ずさみながらいかにも楽しそうにその場で五線譜《ふ》に曲を書きました。

ドイツ留学への希望に燃えていた瀧は、肺結核《はいけっかく》を発病してわずか一年で帰国を余儀《よぎ》なくされましたが、ペテルブルグの大使館付《つき》武官であった廣瀬武夫《ひろせたけお》は同郷のよしみで瀧を訪ねています。そのとき瀧はこんな曲を作ったといって『荒城の月』の楽譜を渡し、廣瀬がこれをロシア人の友人に見せると、本当に日本人の作曲かと感心されたといいます。

学業半ばで帰国しなくてはならなかった瀧の心境はいかばかりであったでしょう。イギリスのテムズ埠頭《ふとう》に碇泊《ていはく》したとき、折《おり》しも英国留学中の土井晩翠が瀧を訪れ見舞っています。これが、作詞者と作曲者の最初にして最後の一度きりの対面でした。この奇遇《きぐう》を、晩翠は後年、「瀧廉太郎弔詞《ちょうし》」として霊前《れいぜん》に捧《ささ》げています。（【偉人をしのぶ言葉】参照）

『荒城の月』のたった八小節の譜面だけを見れば、これが名曲の譜とはとうてい思えないほどの素朴《そぼく》さですが、西洋的音階に日本的感性を託《たく》し得た曲であったからこそ、異国の人の心をも揺さぶったのです。西洋のホテルやレストランは、日本人のお客と見ればサービスに瀧のレコードをかけたといいます。ベルギーでは讃美歌《さんびか》にもなりました。

瀧は、明治三十六年に父親の故郷である大分で歿《ぼっ》しました。二十三歳でした。あまりにも短い人生でしたが、その光芒《こうぼう》は永遠を照らしています。

【偉人をしのぶ言葉】

「歴史にしるき岡の城　廃墟《はいきょ》の上を高照らす　光浴びつつ荒城の　月の名曲生み得しか（中略）世界にひびく韻律は　月照る限り朽《く》ちざらむ　ドイツを去りて東海の　故山に病みて帰る君　テームス埠頭《ふとう》送りしは　四十余年のその昔　ああうらわかき天才の　音容《おんよう》今も髣髴《ほうふつ》と（後略）」

（土井晩翠作「瀧廉太郎弔詩」）

〈参考文献〉

小長久子著『瀧廉太郎』人物叢書　吉川弘文館／金田一春彦・安西愛子編『日本の唱歌（上）』講談社文庫

明治憲法のもとで法の権威を守った大審院長

40 児島惟謙

こじま・いけん（これかた）／一八三七〜一九〇八／愛媛県生まれ

◇日本人巡査がロシア皇太子を襲撃

幕末期に日本が欧米諸国と結んだ条約の内容は、日本人の誇りを傷つける不平等なものでした。そのため、明治時代の日本はこの条約の改正を目指して、欧米並みの法典と裁判制度を整備することにひたすら努め、明治二十二年（一八八九）、ようやく近代憲法である大日本帝国憲法を制定するところまでこぎ着けました。

その憲法制定の二年後、日本中を震《ふる》え上がらせる大事件が起きました。大津《おおつ》事件です。

明治二十四年五月、ロシア帝国のニコライ皇太子（当時二十三歳）が親善の目的で軍艦七隻《せき》とともに日本を訪れました。その滞在中、皇太子が琵琶湖《びわこ》遊覧のため大津に来たとき、沿道警備中の巡査津田三蔵《じゅんさつだsanzou》が皇太子を殺害しようとしてサーベルで斬りつけたのです。皇太子の頭部右側二カ所の負傷は、一つは骨膜《こつまく》に達し、他の一つは頭蓋骨《ずがいこつ》に達するものでした。皇太子は以後の予定を打ち切り、急ぎ帰国の途《と》につきました。

政府は狼狽《ろうばい》しました。皇太子は次のロシア皇帝になる人です。ロシアは怒り、日本に制裁を加えるかもしれない。内務大臣の西郷従道《さいごうつぐみち》は「ロシアの軍艦が東京湾に攻め上って来る」と恐れ、司法大臣の山田顕義《やまだあきよし》は「ロシアは千島《ちしま》列島を賠償《ばいしょう》として要求するくらいのことはするだろう」と心配しました。総理大臣の松方正義《まつかたまさよし》を中心とする内閣の意見は、ともかく犯人を死刑にして償《つぐな》うほかはないというものでした。

ただし、問題は犯人を処罰《しょばつ》するに当たっての法的根拠です。当時わが国の刑法には、外国の皇族に危害を加えた場合に通常の刑より重く罰《ばっ》する規定はありませんでした。したがって、この事件は一般の殺人未遂《みすい》罪に当たり、最も重く罰しようとしても死刑ではなく無期懲役《ちょうえき》刑にする以外にないというのが法律上の解釈だったのです。

しかし、政治的外交的には犯人を死刑にしなければ事は収まらない、松方首相はそう考えたのでした。

当時の裁判制度は欧米諸国の制度にならって形づくられ、大審院《だいしんいん》（現在の最高裁判所）、控訴院《こうそいん》（現在の高等裁判所）、地方裁判所という段階構造になっていました。このときの裁判所のトップである大審院長が児島惟謙でした。児島は、大津事件発生の五日前に大審院長に就任していたのです。

◇政府の圧力に屈せず

児島惟謙は、天保《てんぽう》八年（一八三七）に伊予《いよ》（愛媛県）宇和島《うわじま》に生まれました。若い頃、宇和島藩を脱して勤皇倒幕《きんのうとうばく》の運動に加わりましたが、維新後は初め政府の地方行政官になり、次いで司法省で司法行政官になり、明治八年に裁判官の道に進みました。

松方首相は大津事件の発生後すぐ、二度にわたって児島惟謙を官邸《かんてい》に招き、津田巡査を死刑に処《しょ》するよう要請《ようせい》しました。

刑法百十六条には「天皇、皇后、皇太子に対し危害を加え又は加えようとした者は死刑に処する」と規定され、たとえ犯行が未遂であっても死刑に処せられます。条文には「天皇、皇后、皇太子」とあるだけで「日本の」という限定の文言《もんごん》はないため、この規定をロシア皇太子の場合にも適用せよと松方首相は迫ったのです。

大津地方裁判所は初めこの事件を一般の殺人未遂罪として処理しようとして、裁判の準備を進めていました。ところが松方内閣の意向が伝わると、担当判事《はんじ》はあっさりと「本件は刑法百十六条により大審院で審理《しんり》するのが相当である」との結論を出してしまったのです。そのためこの事件は大審院の七名の担当判事（大審院長の児島は含まれていない）によって審理されることになりました。松方内閣はこの七名に対しても個別に圧力をかけて、死刑判決をするように働きかけたのです。

しかし児島は終始、信念を曲げることはありませんでした。松方首相と山田司法大臣に対して断固として、こう反対意見を述べたのです。

「刑法百十六条で天皇といい皇太子というとき、それが、わが皇室のみに限定されることは、立法の経緯《けいい》に照らして明白である。この立法の精神に背いて、法律を曲げて適用することは、憲法の定める罪刑法定主義と司法権の独立を破壊するものである」

罪刑法定主義とは、どのような行為が刑罰の対象となるか、また、それに対してどのような刑罰が科《か》せられるかは、事前に法律で定められていなければならないとする法律の考え方です。

◇司法権の独立を守り抜く

幕末の不平等条約は、三十年後の当時も日本を苦しめていました。訂正《ていせい》を求めるわが国に対して各国は、日本の法律が完全ではなく、日本の司法官は信頼できないと主張していたのです。ここで政治の圧力に負け、たやすく法律を曲げてしまえば、たちまち国家の威《い》信《しん》は失われ、国際的信用も損なうと児島は考えたのです。

そこで、児島はこの事件の担当判事七名を説得し、励ますことに全力で当たります。結果、ついに大審院の特別法廷は児島の信念のとおり、津田巡査を一般の殺人未遂罪として無期懲役刑に処する判決を下したのでした。国民の多くはこれを支持し、ロシアを含む諸外国も結果を冷静に受け止めました。時の内閣の圧力をはねつけ、司法権の独立を守った児島惟謙の毅然《きぜん》とした姿勢は、法治国家としての日本の存在感を諸外国にも印象づけることになったのです。

こうして後世に名を留めた児島は、明治四十一年七月、七十一歳で生涯を閉じました。

【偉人をしのぶ言葉】

「司法官たるもの、そのなき所の権柄《けんぺい》を弄《ろう》し、法の明文を伸縮せば、ただに国家に不忠不義なるにとどまらず、その極《きょく》、おそれ多くも、陛下をして神聖なる大権に違《たが》はしめ奉《たてまつ》り、かつて列祖列宗《れっそれっそう》より下《しも》臣民衆庶《しゅうしょ》に盟《ちか》はせ給《たま》ひし聖誓にも背《そむ》かしめ奉り、古来かつて有《あ》らざる国辱《こくじょく》を歴史に遺《のこ》すに帰着す」

（原田光三郎著『児島惟謙伝』より）

（現代語訳―裁判官が勝手に定めを変えるということは、それが職務違反だというだけではない。それは、おそれ多いことであるが、憲法に定めのある天皇の司法大権の行使を誤らせるということであり、さらに陛下が神前で憲法の実行を誓われたことに背くことにもなる。ひいては、それは、古来なかった国辱を歴史にのこすことになる）

〈参考文献〉

原田光三郎著『児島惟謙伝』松菊堂書房／楠精一郎著『児島惟謙　大津事件と明治ナショナリズム』中央公論社／八木秀次『大津事件と児島惟謙』（日本政策研究センター「明日への選択」平成七年五月〜九月号掲載）

日本文化を愛したギリシャ生まれの〝日本人〟

41 小泉八雲

こいずみ・やぐも／一八五〇～一九〇四／ギリシャ生まれ

◇相次ぐ不幸の中で

今から百二十年ほど前の明治二十三年（一八九〇）にラフカディオ・ハーンという人がアメリカから日本にやって来ました。

ハーンの父親はイギリス人で、母親はギリシャの人でした。ハーンが六歳のときに両親が離婚し、父親に引き取られましたが、父親の再婚によって、ハーンは、今はアイルランドの首都であるダブリンの親戚《しんせき》に預けられました。

十六歳の折《おり》、友だちと遊んでいるときに綱《つな》の結び目が左目に当たるという事故に見舞われます。手術が行われましたが、左目は失明し白濁《はくだく》が残りました。ハーンの写真が左目を隠すように左を向いたポーズで撮られているのはそのためです。

不幸は続きました。翌年には父親が死亡したのに続いて、ハーンが預けられていた親戚の家が事業に失敗して破産してしまったのです。学費が払えなくなったハーンは高校を退学せざるを得ず、大学にも行けなくなりました。一人きりで寂《さび》しいハーンは荒《すさ》んだ心でロンドンの街を放浪《ほうろう》しました。

ハーンへの責任を逃れたい親戚の者たちは、ハーンに「自活しろ」といって、アメリカまでの渡航費のみを渡して縁を切りました。ハーンは十九歳になっていました。

これから日本に来るまでの二十年、ハーンはアメリカで懸命に働きましたが、このアメリカ時代は作家としての手腕を磨く時期でもありました。八年いた中西部のオハイオ州シンシナティでは新聞記者であり、次に十年暮らした南部のルイジアナ州ニューオリンズでは新聞記者であるとともに文筆家でもありました。ハーンの文名は少しずつ知られるようになりました。本も何冊か出版しました。

来日する直前の二年間は、ハーンはカリブ海に浮かぶ西インド諸島のフランス領マルティニク島で生活しました。ロンドンやニューヨークのような大都会を嫌い抜いたハーンは、南国の荒々しい自然に魅《ひ》かれました。このマルティニク島での生活をハーンは一冊の本にして出版しましたが、その中に次のような言葉があります。

「心の鼓動《こどう》に安物はなく、優しい心に下らぬものなどない、およそ親切な行為につまらぬものなどあろうはずがない」。これは、イギリス、アメリカという産業社会の、厳しく激しい生存競争の渦中《かちゅう》にあって、ともかくも生き抜いたハーンがマルティニクという南国の艶《なま》めかしい情趣《じょうしゅ》に溢《あふ》れた自然の中で覚えた人生の実感でした。

ハーンがはるばるアメリカから日本に来たのは、日本についての本を書くためでした。ハーンは、日本に暮らしているような、日本人が考えているような、そういう印象を与える本を書きたいと思っていました。

◇来日、そして結婚

来日後半年ほど経《た》ったとき、ハーンは出雲《いずも》の国島根県の松江《まつえ》にいました。中学校の英語の教師に採用されたのです。この松江でハーンはある女性と出会い、結婚しました。二十二歳の小泉節子《こいずみせつこ》という旧松江藩士の娘でした。この節子との結婚がハーンに多くの傑作《けっさく》を誕生させることになりました。

新婚まもない頃のエピソードに次のようなことがあって、節子夫人を感動させました。春のまだ寒い日のことです。夫人が宍道湖《しんじこ》の夕焼けを眺めていますと、下の渚《なぎさ》で四、五人の子供が子猫を水に沈めては上げ、上げては沈めして、いじめていました。夫人は子供たちから子猫を引き取り家に連れて帰りました。事情を聴いたハーンは「おお、可哀相《かわいそう》の子猫、むごい子供ですね」と言って、びっしょり濡《ぬ》れてぶるぶる震《ふる》えている子猫を自分の懐《ふところ》に入れて温めたのでした。

そんな心優しい夫ハーンの作品を、夫人は「美しいシャボン玉」と呼びました。「シャボン玉」は壊れやすいものだから、夫が執筆中は、たんすを開ける音さえ響かぬように神経を使いました。

◇愛妻家が生み出した傑作の数々

ハーンは怪談《かいだん》がたいへん好きでした。「怪談の書物は私の宝です」とハーンは語っています。その怪談をハーンに教えたのは夫人でした。ハーンは夫人が家事をすることを好みませんでした。「ただ本をよむ、話たくさん、私にして下され」と夫人に頼みました。その夫人の口述《こうじゅつ》も、「本を見る、いけません。ただあなたの話、あなたの言葉、あなたの考えでなければいけません」と言って、夫人が怪談を自分のものとして話すように要求しました。だから夫人は夢にまで見るようになりました。

夫人が自分のものにした怪談は鬼気《きき》迫るもので、ハーンは恐怖に取り憑《つ》かれたように震え上がりました。ハーンがうち震えたものだけがハーンの作品となったのです。

こんなことがありました。ハーンから『万葉集《まんようしゅう》』の歌について質問され、答えることができなかった夫人は、泣いて、自らの無学を恥《は》じました。すると、ハーンは夫人を書架《しょか》に導き、自らの著作を見せて言いました。このたくさんの本は一体どうして書けたと思うか。

皆あなたが話してくれたおかげではないか。——「あなた学問ある時、私この本書けません。あなた学問ない時、私書けました」

こういう話も伝えられています。ハーンは、新婚まもない頃、夫人の手を見て、その荒れているのを痛ましがり、恥ずかしがるそのあかぎれの手を、自分の白い柔らかい手で撫《な》でさすりつつ、「あなたは貞実《ていじつ》な人です。この手その証拠です」といって夫人を労《いたわ》りました。子供には、夫人の手足が太いのは少女時代から盛んに機《はた》を織ったためである、つまりは親孝行からである、と夫人をかばったということです。

◇子を思う切実な愛情

ハーンは長男一雄《かずお》の将来を案じて七歳の頃から英語を教え始めました。一雄の容貌《ようぼう》は明らかに欧米人のものでありながら、一雄は英語できちんと書いたり読んだりができません。では日本語はどうかというと、これも親を心配させるものがありました。だから、ハーンは一雄を鍛えて英語を習得させようとしたのです。休みは、ハーンか一雄かが重い病気にかかったときのみであって、正月も盆も日曜も祝日も決して休みはありませんでした。ハーンは言いました、「速く学び下され、時待つないです。パパの命待つないです」

ところが一雄はよく怒られました。テキストを読むときに誤った発音をしたり、下手な訳をしたりするからです。ハーンが癇癪《かんしゃく》を起こして「何《な》んぼう駄目《だめ》の子供！」と怒鳴《どな》るや、一雄は横っ面《つら》を平手で二つ三つ、ピシャリと張られています。これが繰り返されると、涙がガラス戸に飛び散ります。

あるとき、一雄は遊びに来てはならぬと言い聞かされていたハーンの書斎に面した奥庭に、椿《つばき》の実を拾いに入りました。勉強しておられるなと思っていた父親のハーンが部屋と廊下の敷居の所に立って何かをしています。ガラス拭《ふ》きかなと一雄が不思議に思って見つめていますと、確かにガラスを拭いています。独眼のハーンはその独眼をガラスに近づけて茶褐色《ちゃかっしょく》の布のようなものでガラス戸のあちこちを拭いています。よく見るとその布と見えたものは、ハーンの靴下《くつした》の片方でした。ときおり、その靴下に唾《つば》をつけてガラス戸を拭いているのです。息子の涙の痕《あと》を傷口《きずぐち》でも触るような手つきで丹念《たんねん》に拭いているのです。

そして、一雄は父ハーンの嘆息《たんそく》まじりの独《ひと》り言《ごと》を聞いたのです。「何んぼう惨《むご》いの父《パパ》と思うない下され」。老いた父親の、子を思う切実な愛情のほとばしりでした。

一雄が生まれたとき、ハーンは日本の国籍を取得しました。ラフカディオ・ハーンは小泉八雲になりました。

【偉人をしのぶ言葉】

「そのとき、ふと、わたくしは、罪人の顔が歪《ゆが》むのを見た。と見るうちに、罪人は、手錠《てじょう》をはめられた身も忘れて、いきなりそこへ、へたへたとくず折《お》れたとおもうと、顔を泥《どろ》にうずめるようにすりつけたまま、のどのつまったような声で叫びだしたのである。その声は、いかにも見物人の胸を震わせるような、悔悛《かいしゅん》の情きわまった声であった。『堪忍《かんにん》してくんなせえ。堪忍してくんなせえ。坊ちゃん、あっしゃぁ、なにも怨《うら》みつらみがあってやったんじゃねんでござんす。ただもう、逃げてえばっかりに、ついこわくなって、無我夢中でやった仕事なんで。（中略）こうやって今、うぬの犯した罪のかどで、これから死にに行くところでござんす。（後略）』

子どもは、そういわれても、やはり黙って泣いていた。警部は、震えている罪人を引き起こした。それまで唖《おし》のように声を呑《の》んでいた見物の群れは、そのときふたりを通すために、左右に道を分けた。と、いきなり群衆ぜんたいが、きゅうにしくしくすすり泣きをはじめだしたのである。わたくしは、色の黒いその付き添いの警部が、わたくしの側を通りすぎたとき、かつて自分が見たことのないものを、いや、だれも見たことのないものを――おそらく、この先、二どと見ようと思っても見られないものを――日本の警官の涙をそこに見たのであった」

（ラフカディオ・ハーン著「停車場にて」）

〈参考文献〉

『小泉八雲作品集』（小泉節「思い出の記」、小泉一雄「父『八雲』を憶う」収集）恒文社／E・スティーヴンスン著『評伝ラフカディオ・ハーン』恒文社／平川祐弘著『小泉八雲　西洋脱出の夢』新潮社／小泉八雲著　平井呈一訳『心』岩波文庫

近代国家建設の父

42 伊藤博文

いとう・ひろぶみ／一八四一～一九〇九／山口県生まれ

◇明治憲法の生みの親

伊藤博文は、アヘン戦争の翌年の天保十二年（一八四一）、周防《すおう》国束荷《つかり》村（山口県光《ひかり》市）で農民の子として生まれ、幼名を林利助《はやしりすけ》といいました。父が足軽《あしがる》であった伊藤家の養子となったので、十三歳の頃、伊藤利助となりました。素直で誰からも好かれる、芯《しん》のしっかりした子供でした。吉田松陰《よしだしょういん》の松下村塾《しょうかそんじゅく》に学び、多くの優れた先輩や友と巡り会いました。利助はのちに「俊輔《しゅんすけ》」「博文《ひろぶみ》」と名前を改めていきますが、これらの名は彼が兄のように慕《した》っていた高杉晋作《たかすぎしんさく》が付けてくれたものです。

博文は、二十七歳で兵庫県知事に就任して以来、政治家としての力量を存分に発揮し、やがて内閣総理大臣（四度）、枢密院《すうみついん》議長などの高い地位に就《つ》き、明治政府のリーダーとして近代国家建設に全身全霊を捧げました。

博文が成し遂《と》げた数々の偉大な業績の中でも特筆すべきものが、憲法の制定です。できたばかりの明治政府にとって、近代憲法の制定と国会の開設は重要な課題でした。

当時、憲法など諸法典が整っていない国は、欧米から一人前の近代国家として扱われなかったのです。明治四年（一八七一）、アメリカに派遣された岩倉使節団が不平等条約の改正交渉を断念せざるを得なかったのも、このような理由のためでした。一方、国内でも国会開設を求める国民の声はしだいに高まってきていました。

明治十五年、博文は憲法調査のためヨーロッパに派遣されます。ドイツのグナイスト、オーストリアのシュタインらの高名な学者に直接教えを受けるなどして、一年半にわたり各国の憲法事情を調査しましたが、憲法は、外国の憲法をそのまままねして作成できるほど安易なものではありません。諸国の憲法や政治体制は、それぞれの国の歴史の中から生まれてきたもので、外国の憲法をそのまま日本に当てはめてもうまくいかず、議会の開設に備えて、国内制度の整備や国民に対する啓蒙《けいもう》も必要になるなど、憲法制定までに乗り越えなくてはならない困難な問題が山積《さんせき》していることを再認識したのでした。

◎大激論の草案づくり

憲法草案《そうあん》は、総理大臣伊藤博文を中心に、若手の井上毅《いのうえこわし》、伊東巳代治《いとうみよじ》、金子堅太郎《かねこけんたろう》の三人が加わって作成されました。時には神奈川県横須賀《よこすか》沖の夏島にカンヅメとなって没頭《ぼっとう》しました。四人がそろうと議論を始め、昼食も食べずに晩まで続けることもあり、夜もおおむね十二時頃まで議論を戦わせました。

博文の案が激しい攻撃を受けることもあり、そんなとき博文は、「伊東の三百代言《だいげん》（いい加減なことをいうやつ）め！」、「井上、おまえは腐儒《ふじゅ》（くさった学者）だ！」と大きな声で叱《しか》ることもたびたびありました。ところが翌朝になると、「昨日の問題は、まあ、君たちの言い分を認めよう」と、あっさり折れたそうです。飾り気のない無邪気な博文の人柄がうかがえるとともに、四人が身分の違いを超えて、より良い憲法を目指して激しく議論に打ち込んでいた様子が伝わってきます。

草案作成で最も苦心したのは、憲法に日本の歴史や文化伝統をどのように取り入れるかということでした。欧米の憲法に基づく議会政治は、それぞれの国の伝統や歴史が背景にあり、キリスト教がそれを支える土台となっていることを、博文はヨーロッパでの憲法調査を通じて学んでいました。そこで博文は、天皇が国民の精神的支柱と仰《あお》がれてきたわが国の伝統を踏まえて、皇室を憲法の土台にすえて草案を作成することにしたのです。

練《ね》りに練って作成された憲法草案は、明治天皇ご臨席のもとで開かれた枢密院で議論され、ついに明治二十二年二月十一日、大日本帝国憲法として公布されます。翌二十三年には衆議院議員選挙が行われ、第一回帝国議会が開かれました。欧米以外の国では無理だと思われていた立憲政治（憲法に基づく議会政治）がアジアで初めてスタートしたのです。

第二次世界大戦後、アジアやアフリカ諸国が次々に独立して民主的憲法を持ちましたが、多くの国がうまく運用できず、独裁国家に逆戻りしたことを考えれば、明治憲法と議会が一度も停止されることなく、立憲政治が続いたことは高く評価できるのではないでしょうか。その土台を築いたのが伊藤博文だったのです。

◇共に力を合わせて近代化しよう

当時の国際社会は弱肉強食の厳しい世界でした。力の弱い国は容赦《ようしゃ》なく欧米列強の植民地や保護国にされました。明治三十八年、わが国は日露戦争に勝利すると、列強から韓国を保護国とする権利を条約によって認められました。

すでに元老《げんろう》となっていた六十四歳の博文は、初代の韓国統監《そうかん》を引き受けます。長い歴史や文化を有する異民族を統治するというのは大変困難な仕事です。ここで博文は、韓国国民に、「韓国のこれまでの世の中のあり方を改革し、韓国国民を教え導いて、近代文明に目覚めさせ、産業を発展させて日本と同じような近代国家とする。そうして、日本と韓国と協力してアジアの安定した平和を築こうではないか」と呼びかけました。

この信念のもと、博文は教育、農業、司法などの制度や都市改良事業などの改革に着手し同時に日本人教師に韓国語の習得を勧めたり、韓国の伝統に配慮するよう説くなど、韓国の文化や習慣を尊重する姿勢を示しました。

しかし、博文のこのような意図は韓国国民に十分理解されず、ナショナリズムの高まりとともに義兵闘争（反日闘争）が起きました。そして、ついに明治四十二年十月二十六日、博文は、清《しん》国のハルビン駅で韓国の青年安重根《あんじゅうこん》にピストルで撃たれ、落命します。六十八歳でした。

残されたメモには、将来、韓国人による議会を開設することなど韓国国民による最大限の自治を保障する構想が記されていたといいます。生前、博文が反対していた韓国併合《へいごう》は、彼の死の翌年（明治四十三年）に成立しています。暗殺は、博文の理想までをも葬《ほうむ》ってしまったといえるでしょう。

松下村塾でともに学んだ友であり、明治の政界において良きライバルであった山県有朋《やまがたありとも》は、博文の死を悼《いた》んで次のような歌を詠《よ》んでいます。

かたりあひ《い》て　尽くしし人は　先だちぬ　今より後の　世をいかにせむ《ん》

（現代語訳――一緒に真剣に語り合い、国のために尽くしてきた友は先立ってしまった。今から後の日本の世の中を一体どうしたらよいのだろうか）

【偉人をしのぶ言葉】

（亡くなる七年ほど前、伊藤博文が大磯《おおいそ》でつくった漢詩）

酔中天地濶　酔中《すいちゅう》天地闊《ひろ》し
世事且相忘　世事しばらく相《あい》忘る
不問滄浪水　滄浪水《そうろうすい》を問わず
功名夢一場　功名は夢一場

（現代語訳―酒に酔えば、天地は広々と感じられて、世の中の煩《わずら》わしいことをしばらく忘れる。行手が青くきれいな水かどうかは問うまい。現世の功名は夢の一場面に過ぎないのだから）

〈参考文献〉

伊藤之雄著『伊藤博文―近代日本を創った男』講談社／瀧井一博著『伊藤博文―知の政治家』中公新書／鳥海靖著『逆賊と元勲の明治』講談社学術文庫／勝本淳弘著『伊藤博文―アジアで最初の立憲国家への舵取り』明治図書出版

日本近代医学の父

43 北里柴三郎

きたざと・しばさぶろう／一八五二〜一九三一／熊本県生まれ

◇世界的学者コッホのもとで

北里柴三郎は嘉永《かえい》五年（一八五二）十二月二十日、熊本県の小国町《おぐにまち》で生まれました。柴三郎は十四歳から二十一歳までの七年間、熊本の藩校時習館《じしゅうかん》と医学校に通い、熊本医学校ではオランダ人医師マンスフェルトから医学を学びました。マンスフェルトは、オランダ語にも堪能《たんのう》で熱心に学ぶ柴三郎に、東大医学部への進学と、卒業後はさらにヨーロッパへ留学するよう勧めました。柴三郎はこの頃から欧州留学を志すようになりました。

明治七年（一八七四）、柴三郎は東京大学医学部に入学し、本格的に医学の道に進むことになりました。医学士の大半は、大学卒業後地方に行き病院長や学校長となり、豊かで安定した生活を送っていましたが、柴三郎は「国民の衛生思想の普及と健康増進に寄与したい」という思いから、豊かな生活を望まず、内務省衛生局で働くことにしました。

明治十九年、柴三郎はようやく留学の夢を叶《かな》えることができました。留学先はドイツ。

結核菌《けっかく》やコレラ菌の発見で世界的に有名なロベルト・コッホのもとで研究に励むことになったのです。コッホは柴三郎に研究テーマを次々に与えました。柴三郎は実験に明け暮れました。実験は時間との闘いで、柴三郎は寝食を忘れて没頭《ぼっとう》しました。

◇伝染病治療を大きく前進させる

学問的に認知されるためには病原体の純粋培養《ばいよう》が不可欠でしたが、当時純粋培養できていなかったのが破傷風菌《はしょうふう》でした。破傷風は、破傷風菌が体の傷から深い所にある組織に侵入し、やがて筋肉が痙攣《けいれん》して激しい痛みを訴えて死に至る病気です。世界中の細菌学者たちが挑戦しましたが、誰も純粋培養に成功していませんでした。

柴三郎もこれに取り組み、来る日も来る日も工夫と実験を繰り返しました。ある日、研究所仲間の下宿に招かれたとき、その下宿の娘が木串《きぐし》で料理を突き刺す姿を見てひらめきました。「培地《ばいち》の奥に破傷風菌を刺したらどうなるか」。その日から数カ月間、前にも増して実験に明け暮れました。そして、柴三郎は破傷風菌が空気を嫌う嫌気性《けんきせい》菌だということを発見し、ついに純粋培養に成功したのです。柴三郎の寝食を忘れた研究は一年にわたりました。

その後も研究を続け、破傷風菌の毒素を少しずつ動物の体内に入れると抗体《こうたい》ができて、大量の毒素を注射しても発病しないことを突き止めました。当時、伝染病の原因療法が一つもありませんでしたが、柴三郎のこの研究から伝染病の特効薬ともいうべき免疫血清《めんえきけっせい》とその療法が開発されたのです。柴三郎の破傷風菌抗毒素の発見は、今日の伝染病の治療に大きな貢献を果たしたのです。

◇長寿国の基礎づくり

明治二十四年、柴三郎はイギリスの大学から、新設する研究所の所長に就任してくれないかという誘いを受けました。しかし、柴三郎は、祖国が六年間のドイツ留学を許してくれたことや下賜金《かしきん》（天皇から頂いたお金）まで賜《たまわ》ったことを考えれば、どんなに破格な待遇《たいぐう》であろうと受け入れる気にはなりませんでした。「祖国に帰って恩返しがしたい」との思いで、柴三郎は誘いを断りました。翌年、柴三郎は六年間の留学期間を終え帰国しました。柴三郎の帰国後、日本にも伝染病研究所が設立されました。また、柴三郎はわが国最初の結核サナトリウム「土筆ヶ岡養生園《つくしがおかようじょうえん》」も開設し結核の予防と治療に力を尽くしました。その後、慶應義塾《けいおうぎじゅく》大学医学科や日本医師会を創設し、社団法人北里研究所を設立しました。このように柴三郎はわが国の医療の進歩、予防医学の発展に貢献し、その活動の場は教育や社会活動にまで及びました。

柴三郎は、江戸末期から明治、大正、昭和を生き抜き、昭和六年（一九三一）、七十八歳の生涯を閉じました。今日、日本は世界一の長寿国となりました。これも現代の医療体制の礎《いしずえ》を築いた北里柴三郎をはじめとする明治の医学者たちの賜物《たまもの》だといえるでしょう。

【偉人をしのぶ言葉】

「君、人に熱と誠があれば何事でも達成するよ。よく世の中が行き詰まったという人があるが、これは大きな誤解である。世の中は決して行き詰まらぬ。若《も》し行き詰まったものがあるならば、是《これ》は熱と誠が無いからである。つまり行き詰まりは本人自身で、世の中は決して行き詰まるものではない」（『The Kitasato』五十四号。明治二十四年、ベルリンの北里柴三郎を親友の生化学者荒木寅三郎が訪ねた際、本人から聴いた言葉。この頃柴三郎は破傷風菌抗毒素を発見し、日本でも注目され始めていた）

〈参考文献〉

山崎光夫著『北里柴三郎　雷と呼ばれた男　上・下』中公文庫／砂川幸雄著『北里柴三郎の生涯』NTT出版／『The Kitasato』五十四号（社団法人北里研究所所内報）

日本のために奮《ふる》って弁駁《べんばく》した文人軍医

44 森　鷗外

もり・おうがい／一八六二〜一九二二／島根県生まれ

◇陸軍軍医としてドイツ留学

鷗外は本名を林太郎《りんたろう》といいました。石見《いわみ》の国（島根県）の津和野《つわの》に、文久二年（一八六二）に生まれました。森家は代々津和野藩の医者でした。

明治五年（一八七二）、数《かぞ》え十一歳のときに父親とともに上京し、二年後に、のちに東大医学部となる医学校に入学しました。この時、年齢が足りなかったので、二歳年上と偽《いつわ》っての入学でした。

明治十四年七月に大学を卒業しました。同期生六十二名のうち、規定年限内に卒業できた者は十五名で、留年組を含めると、この年の医学部卒業生は二十八名でした。

鷗外は専門の医学に没頭《ぼっとう》して大学生活を送った人ではありません。博学志向のとても強かった人ですが、殊《こと》に文学を好みました。当時流行《はや》った菊池三渓《きくちさんけい》の漢詩文を読むのは不思議でないとしても、江戸中期の学者の書いた武家の有職故実《ゆうそくこじつ》（朝廷や武家の儀式や習慣などを研究する学問）の書籍までも読んでいます。鷗外は多才の人でした。ドイツ語による講義を聴きながらその場で漢訳してノートを取った人です。

大学生鷗外の密《ひそ》かな狙《ねら》いは首席卒業でした。首席あるいは次席であれば文部省の官費留学生への道が拓《ひら》かれたのです。ところが、実際の鷗外の席次は八番でした。

席次の低かった原因は卒業試験の際の試問《しもん》にあったといわれています。外科の教官であったドイツ人エミール・シュルツェは心の狭い人で、ささいなことでも教える所が違えば、たちまち大声を出し、怒りを発しました。この年、四十二歳でした。

鷗外は東洋の医学を知っていましたから、遠く離れた、気候風土、衣服食物を異《こと》にする所に生まれた西洋医学を、日本人が盲信《もうしん》することに疑いを持っていました。しかし、西洋医学も久しく経験を積んでいましたから、学び取る所もあろうと励んできたのです。

そのシュルツェと鷗外が試問《しもん》の場で教師と生徒として対峙《たいじ》したのです。鷗外は、日本人の医術の経験を活用しようとして、試問の場においても遠慮《えんりょ》しませんでした。それがシュルツェの気に障《さわ》りました。このことを試問に同席していた、鷗外の同級生が書き残しています。

文部省による官費留学の道が閉ざされた鷗外は、陸軍病院に職を得ました。鷗外は陸軍の推薦《すいせん》によって欧州《ヨーロッパ》に留学しようと考えたのです。

幕末明治期の志ある青年は、何はともあれ、西洋に行きたがっていました。何としても行きたいと熱望しました。鷗外の十三歳年長の、のちに陸軍大将となる乃木希典《のぎまれすけ》は、従兄弟《いとこ》が欧州留学に決まったときに、〝奴僕《ぬぼく》〟（雑用に使われる男）となっても構わぬから連れて行ってくれと懇願《こんがん》しました。明治二年のことです。

鷗外のドイツ留学が明治十七年六月に決定しました。陸軍が命じたのは衛生学を修め、陸軍医事を調査することでした。

◎祖国の名誉を毅然《きぜん》と守る

鷗外のドイツ留学は足掛《か》け五年に及びましたが、この留学によって鷗外の資質は大らかに展開しました。その記録が有名な「独逸《ドイツ》日記」です。

明治十九年三月六日のことです。鷗外は前年の十月からザクセン州の州都ドレスデンにいました。この夜、鷗外は地学協会の宴《うたげ》に招待されていました。式場演説は、明治八年より十八年まで日本にいて、地質学などを東京大学で講じたエドムント・ナウマンでした。演題は〝日本〟です。ナウマンはこの年三十二歳で、鷗外は二十四歳です。

三百人余りを前にして、ナウマンの話にはすこぶる不平の色がありました。穏やかでない言葉が多かったのです。講演の終わりにナウマンはこんなことを言いました。「あるとき、日本人が一隻《せき》の蒸気船を購入しました。航海術を修練しようとして意気揚々と航海に乗り出しました。数カ月後、日本に戻ってきて着岸しようとしても、日本人は蒸気船を運転する技術は修得しても、船の止め方は知りませんでした。だから、近海を動き回って船が自《おの》ずと止まるのを待ちました。日本人の技術力はおよそこのようなものです」

鷗外は悩みもだえました。日本に十年いて旭日章《きょくじつしょう》（勲章）までもらった人が、なぜこのように悪《あ》し様《ざま》に日本を語るのか。鷗外には理解できませんでした。鷗外の苦悶《くもん》は日本人の操船技術に難《なん》があるかないかではありません。そもそもナウマンの語り口に見られる日本への不平であり不満でした。ですが、式場演説のため、反論はできません。鷗外は何も喉《のど》を通りませんでした。

主催者がナウマンを褒《ほ》めて、遠来の客を紹介しました。遠来の客とは鷗外とロシアのワアルベルヒでした。

ここにまた、答辞《とうじ》を述べるためにナウマンが立ち上がりました。答辞のナウマンの言葉にも、日本への不平の色が濃くありました。ナウマンは話します。「私は長く東洋にいましたが、仏教には染まりませんでした。その理由は、仏教徒が女性には心がないというからです。女性たちよ、私は女性に心がないとは思えないのです」

このナウマンの発言を聴いて鷗外は喜びました。今度は反論ができるからです。鷗外は主催者に発言の承諾《しょうだく》を得て立ち上がりました。

鷗外は語ります。「在席の皆様、特にご婦人の皆様に聴いていただきたいことは他でもありません。私は仏教徒ですから、仏教徒として発言いたします。ナウマン氏のお話によりますと、仏教徒は女性には心がないと考えているとのことです。そうしますと、この私もそのように思っているだろうと皆様はお考えでしょう。私は意見を述べないわけにはいきません。そもそも、仏《ほとけ》とは覚《さと》った者という意味です。仏教経典の中に、女人成仏《にょにんじょうぶつ》の例はたくさんあります。これは女性も覚った者であるということです。覚った者に心がないとどうしていえましょうか。私は仏教徒のために、無実の罪を洗い清め、女性を尊《とうと》ぶことの、キリスト教徒に劣《おと》らないことを明らかにしたいと思ったのです」

鷗外の話の終わらないうちに、たくさんのドイツ人が寄ってきて、あるいは女性に成り代わって感謝の意を述べ、あるいはその話を褒《ほ》めました。

その夜、余興《よきょう》として舞踏《ぶとう》がありましたが、舞踏ができない鷗外は先に帰りました。鷗外のいない席でワアルベルヒが他の日本人に語りました。「君たちは、森君に感謝しなくてはならない。森君は祖国のために冤《えん》を雪《そそ》いで（無実の罪を晴らして）敵《かたき》を討ったのだ。駁《ばく》したる（反論した）所はささいなことであったが、ナウマン氏の話の他の所も虚偽《きょぎ》であろうと思わせたのだ」

ワアルベルヒはフィンランドの人でしたが、当時フィンランドはロシアの属国でした。だからワアルベルヒはロシアからやってきたと紹介されたのです。鷗外はワアルベルヒを医者にして詩人であると「独逸日記」に紹介しています。年齢は五十に近い人でした。

鷗外が帰国した翌年の明治二十二年に書いたものに次のような文があります。「凡《およ》ソ外人ノ文字ヲ以《もっ》テ我邦《わがくに》ヲ傷《きずつ》クルモノアル毎《ごと》ニ余《よ》ハ従来自《みずか》ラ奮《ふるっ》テ弁駁《べんぱく》ノ任《にん》ニ当《あた》レリ」（外国の人が文章で日本を非難するのを見た場合、僕は進んで反論した）――鷗外は、陸軍軍医総監《そうかん》という医官としては最高の地位に上りましたが、また明治、大正を代表する文学者でもありました。祖国を傷つける文、言論に出会うと自ら奮《ふる》って弁駁しました。

大正十一年（一九二二）七月九日に六十歳をもって、鷗外はその生涯を終えました。四十巻にも達せん程の文業《ぶんぎょう》が遺《のこ》りました。

【偉人をしのぶ言葉】

南山《なんざん》の　たたかひ《い》の日に　袖口《そでぐち》の　こがねのぼたん　ひとつおとしつ　その扣鈕《ぼたん》惜《お》し
べるりんの　都大路《みやこおおじ》の　ぱつ《っ》さあじゆ《ゅ》　電燈あをき《お》　店にて買ひ《い》ぬ　はたとせまへ《え》に
えぽれつ《っ》と　かがやきし友　こがね髪　ゆらぎし少女《おとめ》　はや老いにけん　死にもやしけん

はたとせの　身のうきしづ《ず》み　よろこびも　かなしびも知る　袖のぼたんよ　かたは《わ》と
なりぬ
ますらを《お》の　玉と砕けし　ももちたり　それも惜しけど　こも惜し扣鈕　身に添ふ《う》扣鈕
（森鷗外著『うた日記』）

〈語注〉南山―日露戦争の激戦地の一つ／ぱつさあじゆ―アーケードの付いた歩行者専用の商店街／えぽれつと―肩章／ももちたり―百千人《ももちたり》

〈参考文献〉
小堀桂一郎著『若き日の森鷗外』東京大学出版会／森鷗外著『雁・ヰタ・セクスアリス』角川文庫／『鷗外選集』第二十一巻（「独逸日記」を収める）岩波書店／廣木寧著『江藤淳氏の批評とアメリカ』慧文社

キリスト教の日本化に生涯を捧げた信仰者

45 内村鑑三

うちむら・かんぞう／一八六一～一九三〇／東京都生まれ

◇自分は「神の子」――回心を決定づけた出会い

明治の初め、文明開化のかけ声とともに西洋文明がどっと流入してきましたが、西洋文明の根底を支えるキリスト教も当然のように日本人の精神生活に少なからぬ影響を及ぼしはじめました。欧米の各地から、多くの宣教師や伝道師が来日し、その感化によりキリスト教に改宗する人々が増えていったのです。

そうした人々の中にあって、安易に教会や教団の活動に埋没《まいぼつ》するのではなく、〝我々日本人にとって、神《ゴッド》とは何か、イエス・キリストの教えとは何か〟という命題に体を張って取り組んだ人物がいました。内村鑑三です。

鑑三は、文久元年（一八六一）上州《じょうしゅう》高崎藩士の子として江戸小石川《こいしかわ》の武士長屋《さむらいながや》に生まれました。父は下級武士でしたが、高崎藩きっての儒学者《じゅがくしゃ》といわれた人でした。鑑三の幼年時代は、武士道的儒教文化の中で育まれたといってもいいでしょう。

そんな鑑三がなぜキリスト教を篤く信仰するようになったのでしょうか。

鑑三は、明治十年（一八七七）九月、十七歳でウィリアム・S・クラーク博士の名で知られる札幌農学校（現在の北海道大学農学部）に官費生の二期生として入学しました。ここで鑑三たちは上級生に半ば強制的に〝イエスを信ずる者の誓約《せいやく》〟に署名させられます。翌年には、宣教師M・C・ハリスから洗礼を受けました。

同校を卒業して数年後、アメリカのキリスト教文明を実地に見聞してみたいという憧《あこが》れが募《つの》り、鑑三は一念発起して渡米を決心します。フィラデルフィア郊外の州立児童白痴院《はくちいん》で看護人として働くなど苦労を重ねながら、アマスト大学へ進学した鑑三は、ここでシーリー総長と出会い、その感化により決定的な〝回心〟を体験することになったのです。

回心のきっかけは、悩める様子の鑑三を見たシーリー総長の次の忠告だったといいます。

「内村、君は君の衷《うち》をのみ見るから可《いけ》ない。君は、君の外を見なければいけない。何故《なぜ》己《おのれ》に省みる事を止めて十字架の上に君の罪を贖《あがな》ひ《い》給《たま》ひ《い》しイエスを仰《あお》ぎ瞻《み》ないのか」

明治十九年三月八日の鑑三の日記は、彼の信仰への目覚めを鮮《あざ》やかに記録しています。

「余《よ》の生涯に於《おい》て極めて重大なる日なりき。『基督《キリスト》』の贖罪《しょくざい》（イエス・キリストが十字架にかかって、人類の罪を代わりに償《つぐな》ったこと）の力は今日の如《ごと》く明瞭《めいりょう》に余に啓示《けいじ》せられしこと嘗《かつ》てあらざりし。『神の子』が十字架に釘《くぎづ》けられ給ひ《い》し事の中に今日迄《まで》余の心を苦しめし凡《すべ》ての難問の解決が存するなり（中略）今や余は『神』の子なり、余の義務は耶蘇《やそ》（キリスト）を信ずるに在り」と。

◇「二つのJ」という信念

こうして鑑三は、イエス・キリストへの信仰に目覚めましたが、注目すべきは、真にキリスト教が根付くべき土壌《どじょう》は日本にこそあるという霊的直観を得たことです。以後、彼の精神には、生涯を通して揺《ゆ》らぐことのない「二つのJ」という信念が固まることになりました。

「私共《わたくしども》にとりましては、愛すべき名とては天上天下唯《ただ》二つあるのみであります。その一つはイエスでありまして、その他は日本であります。これを英語で白《もう》しますればその第一はJesusでありまして、その第二はJapanであります。二つともJの字を以《もっ》て始まって居《お》りますから、私はこれを称して Two J's 即《すなわ》ち二つのジェイの字と申します。イエス・キリストのためであります。日本国のためであります。私はこの二つの愛すべき名のために私共の生命を捧げようと欲《おも》ふ者であります」（『聖書の研究』明治三十六年二月）

アメリカ留学は、イエス・キリストへの信仰と、祖国日本の再発見に至る道のりであったといえます。

こうした信念を抱いて帰国した鑑三でしたが、現実の日本社会は彼の理想を簡単に受け入れてはくれませんでした。その象徴的な事件が「第一高等中学校不敬《ふけい》事件」です。明治二十四年一月、「教育勅語《ちょくご》」奉読《ほうどく》式で、勅語の末尾にある天皇の「署名」に対して、講堂では教師、生徒の全員が恭《うやうや》しく最敬礼のお辞儀《じぎ》をします。その式上、鑑三は頭を軽く下げるに留《とど》め、最敬礼という礼拝行為を拒絶したのです。そのため、彼は「国賊《こくぞく》」「不敬《ふけい》漢《かん》」として、世間から非難、中傷、迫害を受けることになりました。鑑三のイエス・キリストへの忠実な信仰心が、偶像礼拝的な行為をよしとしなかっただけなのです。

キリスト教が日本の国体《こくたい》に合わないと攻撃した文学博士の井上哲次郎《いのうえてつじろう》に対し、鑑三は「私が明治天皇を尊ぶ思いは誰にも負けない。そして陛下も形式的な礼拝より国民の心からの崇敬《すうけい》をお喜びになるに違いない」と儀礼よりも実行こそ大切であると反論したのです。

晩年は、「聖書の研究」を自ら発刊し、全国の読者に三十年間送り続けるという活動を中心にして、無教会主義に立つキリスト教の伝道に生涯を捧げました。その教えの要《かなめ》は、日本にこそ「基督再臨《キリストさいりん》」を待つという信仰でした。基督再臨とは、世界の終わりの日にイエス・キリストがもう一度この世に現れることです。

「人類の幸福と日本国の隆盛《りゅうせい》と宇宙の完成を祈る」――鑑三が死の床《とこ》で弟子たちに遺《のこ》した言葉です。

【偉人をしのぶ言葉】

I for Japan,　　　　　われは日本のため
Japan for the world,　日本は世界のため
The world for Christ,　世界はキリストのため
And All for God.　　　すべては神のため

（内村鑑三自選の墓碑銘）

〈参考文献〉

内村鑑三著『余は如何にして基督信徒となりし乎』岩波文庫／内村鑑三著『代表的日本人』岩波文庫／関根正雄編『内村鑑三・人と思想』清水書院／小原信著『評伝　内村鑑三』中公叢書／小原信著『内村鑑三の生涯—日本的キリスト教の創造』ＰＨＰ文庫／亀井俊介著『内村鑑三—明治精神の道標』中公新書

脚気の予防に麦の効用を発見し多くの命を救った医師

46 高木兼寛

たかき・かねひろ／一八四九〜一九二〇／宮崎県生まれ

◇脚気の原因を突き止める

脚気《かっけ》は、足がしびれて次第にむくみ、心臓の力が弱まって、ついには動けなくなる病気で、昔は世界中で広く見られました。今でこそ脚気はビタミンB_1の欠乏《けつぼう》によって起こると知られていますが、昔は原因不明のまま多くの人々が命を失いました。脚気の原因が食事の質にあることを突き止めたのが、これから紹介する高木兼寛であり、高木の努力によって脚気の予防や治療ができるようになり、多くの人々の命が救われたのです。

高木兼寛は嘉永《かえい》二年（一八四九）に現在の宮崎県高岡町に生まれました。幼いときから勉強がよくできた高木少年は、やがて医師となって人々のために尽くしたいという思いを強くし、十八歳のときに故郷を離れて鹿児島で蘭方医《らんぽうい》（オランダから伝わった西洋医学を学んだ医者）に学びます。時代はちょうど明治維新。高木は薩摩《さつま》軍とともに東北の戦地に赴《おもむ》きましたが、乏《とぼ》しい医療技術のために負傷した人々を助けることができませんでした。このときすでに西洋医学を採用していた他藩の技術に驚いた高木は、鹿児島に帰って藩立開成校に入学、教授として招かれていた英人ウイリアム・ウイルスのもとで西洋医学の習得に励みました。

やがてイギリスへの留学が実現し、明治八年（一八七五）からセント・トーマス医学校に学びます。その猛勉強ぶりは、最優秀学生として表彰され、イギリスの医師資格も取るほどで、このときの経験がのちの大きな発見へと結びついていくことになります。

明治十三年の帰国後、東京海軍病院長となった高木は、長期の航海に出た軍艦の乗組員が脚気に悩まされ、心臓脚気となって死んでゆくのを知って、その絶滅を志します。高木は膨大《ぼうだい》な資料をもとに入念に検討していった結果、食事の内容に注目するに至りました。窒素《ちっそ》を含む食物の不足で脚気が起こると考えた彼は、白米を主とする食事だと脚気にかかりやすく、麦飯食では脚気にかかりにくいことを突き止めたのでした。

◇切腹覚悟の実験

高木は、脚気が栄養の欠陥《けっかん》によって起こるという新しい説を発表し、海軍兵の食事の改革に乗り出します。しかし当時、白米飯は庶民憧《あこが》れのご馳走《ちそう》であり、麦飯やパン食は兵員には不評でした。また、当時の医学界の主流は高木の説に猛烈《もうれつ》に反対し、その代表格はドイツ留学から帰ってきた陸軍軍医監《ぐんいかん》の森鷗外《もりおうがい》でした。森は脚気の原因は細菌であろうと考えており、高木の説は陸軍の激しい反論にさらされたのです。

しかし、何としても脚気から人々を救わなければならないと考えた高木は、脚気予防の壮大な実験を行うことを決意します。それは海軍兵に直接体験してもらう実地研究で、場合によってはさらに多くの兵の死をも覚悟しなければならない危険を伴う実験でした。高木は明治天皇に直訴《じきそ》してお願いし、ひそかに切腹も覚悟していたのです。

明治十六年、太平洋練習航海に出た練習艦の「龍驤《りゅうじょう》」が米食を積んで航海したところ、乗組員三百七十八名のうち百六十九名の脚気患者が出て、二十三名が死亡するということがありました。そこで高木はその一年後、練習艦の「筑波《つくば》」に、パンを用いた洋食を与えて同じ航海に旅立たせました。

「筑波」の航海が南米沖を回って太平洋上をハワイに向かう頃（前年の「龍驤」の航海ではこのあたりで脚気患者が続発していた）、日本に電報が届きます。「ビョウシャ一ニンモナシ　アンシンアレ」（病者一人もなし、安心あれ）という電文でした。筑波はついに一人の脚気患者を出すこともなく、無事に長期の航海を終えて帰国したのです。海軍は大きな喜びに包まれました。

◇「ビタミンの父」「麦飯男爵《だんしゃく》」

その後、日清、日露の二つの戦争がありました。陸軍は相変わらず米飯を中心とした食事にこだわりましたが、高木の成果を取り入れた海軍は食事を麦中心のものへと改善していました。その結果、陸軍は日清戦争で四万一千余人の脚気患者と四千人もの同病死者を出し、日露戦争では二十五万余人の患者と二万八千人に上る同病死者を出しましたが、海軍では二つの戦争ともにわずかの患者しか出さず、バルチック艦隊との日本海海戦勝利の遠因の一つになったといわれています。

この壮大な研究が、やがて鈴木梅太郎《すずきうめたろう》によるビタミンB_1の発見につながり、高木はのちに「ビタミンの父」や「麦飯男爵《だんしゃく》」の名で親しまれることになります。南極大陸のグレアムランド西岸には「高木岬《みさき》」と命名された岬があり、そこには「日本帝国海軍の軍医総監《そうかん》、高木兼寛男爵は、一八八二年、食事の改善によって脚気の予防にはじめて成功した」と記された碑《ひ》が立ち、不朽《ふきゅう》の名をとどめています。

高木は大正九年（一九二〇）に七十二歳で歿《ぼっ》しました。

【偉人をしのぶ言葉】

今日もまた　枯《か》れたる声を　ふりたてて　国のためにと　言《こと》あけ《げ》すわれ

国のため　くすしの道を　開かんと　おもふ《う》こころの　たゆる間《ま》もなし

（高木喜寛著『高木兼寛』大空社より）

〈語注〉言あげ―講義、講演／くすしの道―医学の道

〈参考文献〉
吉村昭著『白い航跡』講談社／荒井保男著『生きる糧となる医の名言』中央公論／高木喜寛著『高木兼寛』大空社

日本近代資本主義の最高指導者

47 渋沢栄一

しぶさわ・えいいち／一八四〇〜一九三一／埼玉県生まれ

◇大人顔負けの胆力を持った少年

渋沢栄一は、天保《てんぽう》十一年（一八四〇）二月十三日に武蔵国血洗島村《ちあらいじま》（埼玉県深谷市血洗島）に生まれました。地元では、「チャァライジマ」というそうです。何やら戦国時代の荒々しい気風を感じさせる地名です。東に男体山《なんたい》、北に赤城山《あかぎ》、西に榛名山《はるな》を望む土地で、利根《とね》川の堆積土《たいせきど》が育てた「深谷ねぎ」の産地でもあります。栄一の生まれた年は、清《しん》国が欧米列強に植民地化されるきっかけとなるアヘン戦争の起こった年であり、二十八年後に「明治」という新時代を迎えることになります。

栄一は〝日本近代資本主義の最高指導者〟といわれています。彼の興《おこ》した企業は第一国立銀行をはじめとする銀行、保険、東京電力をはじめとする電力、鉄道、瓦斯《ガス》、水道、化学、製紙とあらゆる産業に及んでいます。

しかし、栄一は単なる実業家でも経営者でもありませんでした。経済界の最高指導者として彼が目指したものは、日本国民の生活や政治の堅実な発達でした。国際親善、教育、特に実業教育および女子教育振興《しんこう》の助成に果たした功績《こうせき》は、ここに書き切れるものではありません。実業、経済関係の役職が約五百なのに対し、公共、社会事業の役職は約六百あった、といわれているのです。

彼の生家はもともと農家でしたが、米づくり、養蚕《ようさん》、藍玉《あいだま》製造（藍色の染料の源）のほか、荒物《あらもの》屋も営んでいました。経済的豊かさから、質屋も兼《か》ね、村人に資金の融通《ゆうずう》もしていました。つまり、江戸時代でありながら、農、工、商、金融をともに営んでいたわけです。

栄一が大人を相手に堂々と自分の意見を言う胆力《たんりょく》を持っていた少年であったことは、彼がまだ十四歳だったときのこんなエピソードからもうかがえます。父の代わりに藍葉の仕入れに出かけた栄一は、何しろ十四の子供なので誰からも相手にしてもらえませんでした。そこで彼は父が仕入れるときの鑑定《かんてい》をまねしてみたのです。藍葉を指しながら、矢継《やつ》ぎ早《ばや》にまくし立てました。

「この葉は乾燥が不十分だ。これは肥料が悪いや。おまえの藍は下葉が枯《か》れているじゃないか。こいつは茎《くき》の切り方がまずいな」

最初は栄一を子供扱いにしていた商人たちも、

「これは驚いた。そのとおりだ。どうしてそうはっきりわかるんだ」

と感心し、不思議な子が来たものだと噂《うわさ》し合うようになりました。この結果、栄一は二十一軒の藍屋から良質の藍をそれまでより安く仕入れることができたのです。

日頃から父のそばにいて藍の仕入れを進んで学んでいた成果がこうして現れたのです。

◇岩崎弥太郎との激論

明治二年（一八六九）、栄一は三十歳でその才能を見出されて、新政府の「大蔵省租税正《おおくらしょうそぜいのかみ》」（現在の財務省主税局長）に任命されました。しかし、三年半後の明治六年に退官します。

こののち六十年間、栄一はひたすら〝一民間人〟として、わが国の実業、産業、ひいては日本の経済社会の健全なる発達に一身を捧げる人生を歩むことになります。その間、再三にわたって大蔵大臣になるよう望まれたこともありましたが、首を縦に振ることはありませんでした。

明治十一年の八月、栄一は三菱財閥《みつびしざいばつ》の岩崎弥太郎《いわさきやたろう》に招待されます。隅田川《すみだ》に屋形船を浮かべた豪勢《ごうせい》な舟遊びです。このとき、岩崎はさりげなくこう聞きました。

「これからの実業は、どう経営してゆくのがよいと思うか」

栄一は答えます。

「事業は、国家を富まし、国民を幸福にすることを目的にすべきで、利益は出資者に還元すべきです」と。

一方の岩崎は、事業は才能のある人物が専制的に経営し、一企業、一財閥を繁栄に導かなければ駄目だと反論し、これがひいては国家の隆盛《りゅうせい》につながると主張しました。激論の末、結局、二人の議論は物別れに終わります。

晩年、栄一は雑談の中で子供たちに笑いながらこう語ったそうです。

「わしが一身一家の富むことばかり考えていたら、三井、三菱にも負けなかったろうよ。これは負け惜しみではないぞ」と。

◇生涯を支えた『論語』の教え

このような渋沢栄一の生涯を支えたものとは何だったのでしょう。彼はこう述べています。

「孔子《こうし》は仁《じん》（思いやり）をもって倫理《りんり》の基本とする。（中略）実業界も仁をもって大もととしなければならない。仁を大もととすれば、工業に粗製濫造《そせいらんぞう》（粗悪品をみだりに作ること）はなく、商業に詐欺《さぎ》違反は起らず、商工業の道徳は高まる」と。

これは、『論語』の教えです。彼は少年時から、四書五経《ししょごきょう》、特に『論語』を学び全文を暗誦《あんしょう》していたといいます。経済界のトップになってからも、自宅に青少年を三十人余り集め、大広間二間を使って論語会を開催していました。正面上座《かみざ》に東洋哲学の泰斗《たいと》（その道で最も権威ある人）である宇野哲人《うのてつと》を招き、青少年とともに『論語』を学んだそうです。この真の学問の求道心《ぐどうしん》が「日本近代資本主義の最高指導者」を生んだのです。

彼の偉大さは、経済、産業への貢献だけに留《とど》まりませんでした。国際親善、特に日米友好関係を促進すべく、何度も渡米し、軍縮問題、アメリカへの日本人移民問題等々、民間人として、政治家、外交官以上の貢献しています。最後に渡米したのは八十二歳のときでした。

さらに、慈善事業には実業界を引退した後も携《たずさ》わりました。その代表例は彼が三十六歳から始めた「養育院」です。この施設は身寄りのない子供たちや老人を養育養護する施設で、生涯「養育院院長」の立場だけは去ることはなかったのです。「仁をもって大もと」とするという『論語』から学んだ哲学は、彼の生涯を支える大きな柱であり続けました。

栄一がその生涯を閉じたのは、昭和六年（一九三一）十一月十一日のことでした。九十二歳。堂々たる見事な人生でした。

【偉人をしのぶ言葉】

「ただ栄一に至つ《っ》ては、実に其《その》時代に生まれて、其時代の風の中に育ち、其時代の水によつて養《つちか》はれ、その時代の食物と香気《こうき》とを摂取《せっしゅ》して、そして自己の軀幹《からだ》を造り、自己の精神をおほ《お》し立て、時代の作為《さくい》せしむとする事を自己の作為とし、求むるとももとめらるると も無く自然に時代の意気と希望とを自己の意気と希望として、永《なが》い歳月を克《よ》く勤め克く労したのである」

（幸田露伴著『渋沢栄一伝』）

〈参考文献〉

幸田露伴著『渋沢栄一伝』岩波書店／渋沢秀雄著『明治を耕した話―父・渋沢栄一』青蛙選書〈53〉青蛙房／土屋喬雄著『渋沢栄一』人物叢書　吉川弘文館／渋沢華子著『徳川慶喜最後の寵臣　渋沢栄一―そしてその一族の人びと』国書刊行会／佐伯浩明著『渋沢栄一の論語と算盤』「展望アジア」第四

「西郷どん」と今も親しまれる明治維新の立役者

48 西郷隆盛

さいごう・たかもり／一八二八〜一八七七／鹿児島県生まれ

◇維新の英雄の悲劇的な最期

文政《ぶんせい》十年（一八二七、八）、西郷は薩摩《さつま》藩の下級武士の家に生まれました。西郷はやがて藩主島津斉彬《しまづなりあきら》に取り立てられ、側近《そっきん》として活躍することになります。西郷が提出した上申書に斉彬が目を留《と》めたことがそのきっかけでした。

斉彬は外様《とざま》大名でありながらも水戸徳川《とくがわ》家の斉昭《なりあき》や家門筆頭《ひっとう》の越前《えちぜん》藩（福井県）藩主松《まつ》平慶永《だいらよしなが》（春嶽《しゅんがく》）らと交流を深めたこともあって、西郷は水戸の藤田東湖《ふじたとうこ》から教えを受け、越前の橋本左内《はしもとさない》らと交わりながら、斉彬の意を受けて次の将軍に一橋慶喜《ひとつばしよしのぶ》を推す運動に関わりました。このため、将軍継嗣《けいし》問題で対立する幕府大老の井伊直弼《いいなおすけ》ににらまれ、そのうえ、斉彬が急死したことも重なり、藩命により一度ならず二度までも流罪《るざい》に処《しょ》せられました。

しかし、ペリー来寇《らいこう》以来、揺《ゆ》らぎ続ける政情は西郷を放ってはおきませんでした。薩摩藩の立場を強めようとする斉彬の弟久光《ひさみつ》によって罪を赦《ゆる》された西郷は、以後、京を中心に縦横《じゅうおう》に政治工作に当たります。幕府、會津《あいづ》藩、長州藩などが入り乱れる政局の中、やがて討幕派の重鎮《じゅうちん》として長州藩との同盟（薩長同盟）を成功させ、王政復古《おうせいふっこ》、明治新政府誕生への道を切り開いていったのです。特に勝海舟《かつかいしゅう》との会談によって江戸城無血開城を実現したことはあまりにも有名です。

維新後、西郷は鹿児島に戻って藩政に携《たずさ》わっていましたが、請《こ》われて明治四年（一八七一）、新政府の参議《さんぎ》となり、廃藩置県《はいはんちけん》の断行、徴兵令《ちょうへいれい》の布告など、近代的な中央集権国家としての基礎固めに尽力しました。

ところが、明治六年、対朝鮮外交をめぐって木戸孝允《きどたかよし》や大久保利通《おおくぼとしみち》らと対立したことから参議を辞任し、帰郷してしまいます。鹿児島で「私学校《しがっこう》」を設立して若い士族《しぞく》たちの教育に当たりましたが、明治十年二月、私学校の生徒や新政府の廃刀令《はいとうれい》などに反発する士族層に擁立《ようりつ》されて挙兵《きょへい》、「政府に尋問《じんもん》の筋《すじ》あり」と進軍して熊本の鎮台《ちんだい》（徴兵による新政府の軍団）を攻めました。西南戦争です。

しかし、新政府軍の攻勢の前にこれを破ることができず、鹿児島に退却《たいきゃく》、同年九月、城山《しろやま》の地で自刃《じじん》して果てました。五十一歳でした。悲劇的な最期でしたが、西郷は魅力《みりょく》に富み、多くの人たちに深く敬愛された人物でした。

◇今も旧敵に慕われる

西南戦争の直接のきっかけは、西郷を尊敬する私学校の生徒が政府所管《しょかん》の弾薬庫を襲《おそ》ったことにありました。鹿児島では政府の開化政策に反発する空気が濃厚《のうこう》にありましたが、弾薬庫襲撃《しゅうげき》の知らせに西郷は「しまった」と言いつつも、すぐ「よか、おいどんの命はおはんらにあげよう」と言ったといいます。戦い利あらずして、城山で自刃する際には、部下の別府晋介《べっぷしんすけ》に「晋どん、晋どん、もうこん辺《あたり》でよかろ」と言って首を討たせたとも伝えられています。

西郷軍には鹿児島のほか宮崎、大分、熊本の士族勢も加わり総勢三万余人でした。最後まで西郷と行動を共にした中津藩（大分県中津市）の増田宋太郎《ますだそうたろう》は、配下の隊員に戦場離脱を勧めながら、隊長たる自分は西郷先生の人格にしばしば触れたとして、「一日先生と接すれば一日の愛が生じ、三日先生と接すれば三日の愛が生じる。親愛《しんあい》日に加わり、去るべくもあらず（離れることができない）。今は善も悪も死生を共にするだけだ」と語ったといいます。

西郷は南洲《なんしゅう》と号《ごう》しました。鹿児島市上竜尾町《かみたつおちょう》にある南洲神社は西郷をお祀《まつ》りしている神社で、隣接して、西郷軍の戦死者二千二十三人が眠る「南洲墓地」があります。多くの墓《ぼ》碑《ひ》の中に、はるか東北の庄内藩《しょうないはん》（山形県）出身の二人のものがあります。

維新前夜、譜代《ふだい》大名として徳川家と関係の深い庄内藩は、薩摩藩を仇敵視《きゅうてきし》していました。そのうえ、慶応《けいおう》四年（一八六八）になると、庄内藩は奥羽越列藩《おううえつれっぱん》同盟に加わり、激しく新政府軍と対峙《たいじ》しました。しかし、やがて降伏《こうふく》のやむなきに至った庄内藩に対する処分《しょぶん》は、藩主の酒井忠篤《さかいただずみ》は寺で謹慎《きんしん》、藩士も謹慎だが外出時の帯刀《たいとう》は認めるなど、実に寛大《かんだい》なものでした。そこには新政府軍の総参謀であった西郷の「敗者にはやさしくせよ」という強い意向が働いていたのです。

この措置《そち》に感動した忠篤は明治三年、七十人余りの藩士を引き連れ鹿児島に百日ほど滞在、家臣に西郷の兵学を学ばせました。さらに明治八年、庄内から伴兼之《ともかねゆき》と榊原政治《さかきばらまさはる》という二人の若者が私学校への入学を許されました。彼らは西南戦争が始まるや従軍を願い出て西郷軍と運命をともにしたのです。戦死したとき、伴は二十歳、榊原は十八歳でした。

今日、西郷の人となりや思想を語る上で欠かせないのが『西郷南洲遺訓《いくん》』です。この書の内容は、明治の初め鹿児島に学んだ庄内藩士が、西郷から聞いた言葉を持ち帰って同志に伝えた語録が基となっています。西南戦争で、謀反人《むほんにん》の汚名を着た西郷は明治二十二年、明治天皇の思し召《おぼめ》しにより名誉を回復します。それを待ち侘《わ》びていた庄内の人たちは、早速『西郷南洲遺訓』を刊行し、それを携《たずさ》えて全国を行脚《あんぎゃ》しながら西郷の遺徳《いとく》を伝えたのです。さらに昭和五十一年（一九七六）には山形県酒田市に南洲神社の分社が創建されるなど、西郷は旧庄内藩の人々からも慕《した》われ続けています。

【偉人をしのぶ言葉】

「文明とは道の普《あまね》く行はる《わ》ゝ《る》を賛称《さんしょう》せる言にして、宮室《きゅうしつ》の荘厳《そうごん》、衣服の美麗《びれい》、外観の浮華《ふか》を言ふ《う》には非《あら》ず。世人の唱《とな》ふ《う》る所、何が文明やら、何が野蛮《やばん》やら些《ち》とも分らぬぞ。予《よ》嘗《かつ》て或《ある》人と議論せしこと有り、西洋は野蛮ぢや《や》と云ひ《いい》しかば、否《い》な文明ぞと争ふ《う》。否な野蛮ぢや《や》と畳《たた》みかけしに、何とて夫《そ》れ程に申すにやと推せしゆゑ《え》、実に文明ならば、未開の国に対しなば、慈愛《じあい》を本とし、懇々説諭《こんこんせつゆ》して開明に導く可《べ》きに、左《さ》は無くして未開蒙昧《もうまい》の国に対する程むごく残忍《ざんにん》の事を致し己《おの》れを利するは野蛮ぢや《や》と申せしかば、其《その》人口を莟《つぼ》めて言無かりきとて笑は《わ》れける」

（『西郷南洲遺訓』遺訓一一）

〈参考文献〉
山田済斎編『西郷南洲遺訓―附・手抄言志録及遺文』岩波文庫／田中惣五郎著『西郷隆盛』人物叢書吉川弘文館／江藤淳著『南洲残影』文春文庫／内村鑑三著・鈴木範久訳『代表的日本人』岩波文庫／「西郷のいる風景③」産経新聞社

独立自尊を唱える幕末・明治の指導者

49 福沢諭吉

ふくざわ・ゆきち／一八三五～一九〇一／大阪府生まれ

◇父の遺風と母の感化力

福沢諭吉の名を知らない日本人はほとんどいないでしょう。現在のわが国最高紙幣《しへい》一万円札の肖像《しょうぞう》の人物です。

なぜ、日本の顔ともいうべき紙幣の肖像に福沢諭吉が選ばれたのでしょうか。いうまでもなく、国民が彼を尊《とうと》び、慕《した》っているからです。今の世にはびこるわがままな自由、自分勝手な平等ではなく、彼は真の自由、平等を人々にわかりやすく教え、「独立自尊」の精神を国中に広め、わが国の近代化を推し進めた中心人物なのです。

諭吉は天保《てんぽう》五年（一八三四、五）、中津藩（大分県中津市）藩士の百助《ひゃくすけ》とお順《じゅん》との間に二男三女の末子として大坂（現在の大阪）に生まれました。父は学者として身を立てたいという望みを抱いていましたが、当時の封建制度のもとではそれはかなわず、諭吉が物心《ものごころ》つく前に他界してしまいました。

諭吉はそんな父を思ってこのように述懐《じゅっかい》しています。

「封建制度に束縛《そくばく》せられて何事もできず、むなしく不平をのんで世を去りたるこそ遺憾《いかん》なれ。また、初生児（諭吉のこと）の行く末をはかり、これを坊主《ぼうず》にしても名を成さしめんとまでに決心したるその心中の苦しさ、その愛情の深き、私は毎度このことを思い出し、封建の門閥《もんばつ》制度（地位や格式の高い家柄から代表などを選ぶ制度）を憤《いきどお》るとともに、亡父《ぼうふ》の心事を察してひとり泣くことがあります。私のために門閥制度は親のかたきでござる」

亡き父の無念を思う諭吉の哀惜《あいせき》の念がひしひしと伝わってきます。

母は身分の低い人に対し軽蔑《けいべつ》もせず、嫌がりもせず、近所の物乞《ものご》いの女性の虱《しらみ》を取り、体を洗ってやるという人でした。

「父の遺風《いふう》と母の感化力」と諭吉は言っています。このような両親の姿こそが、のちの諭吉の偉業の原点だったのです。

◇理想の教育者像との出会い

二十歳の頃、諭吉は修学のため大坂の適塾《てきじゅく》に入門しました。そこで出会ったのが、「日本近代医学の祖」といわれる蘭学者《らんがくしゃ》（オランダ語によって西洋の学術を研究した学者）、緒方洪庵《おがたこうあん》という人物です。

あるとき、腸《ちょう》チフスにかかった塾生を看病《かんびょう》していた諭吉は、自身も腸チフスに感染してしまいました。このとき洪庵は友人の蘭方医《らんぽうい》を連れてきて、できる限りの治療《ちりょう》を諭吉に施《ほどこ》しました。もちろん洪庵自身も医者なのですが、親しい相手を看《み》ると迷いが生じてしまうという配慮《はいりょ》から、あえて友人に診療《しんりょう》を頼んだのです。「その扱いは実子と少しも違わないありさまであった。（中略）私は真実緒方の家の者のように思い、また思わずにはいられません」と、後年述懐しているとおり、諭吉は生涯、洪庵のことを恩師と仰《あお》ぎ、慕い続けました。洪庵の姿が、諭吉にとっての理想の教育者像であったに違いありません。

適塾では大いに学問に励み、大いに塾生と遊びました。動物の解剖をしたり、オランダのあらゆる分野の本を写本《しゃほん》したり、多岐《たき》にわたって議論をしたりしました。自分が枕《まくら》を持っていないということに気づかないほど、寝る間を惜しんで勉強をしたのです。

その後、諭吉は大坂から江戸に移り、人にオランダ語を教える立場となりましたが、当時、世界に通じるのはオランダ語ではなく英語であると気づくと、一念発起して英語の勉強に勤《いそ》しみました。

◇近代化のすすめ

安政《あんせい》六年（一八五九）、幕府は日米修好通商《しゅうこうつうしょう》条約の批准《ひじゅん》を交わすために全権団をアメリカに送ることになりました。その随行員《ずいこう》として認められた諭吉は、幕府の船として初の太平洋を横断することとなる咸臨丸《かんりんまる》に乗り組みアメリカへ渡ります。アメリカでの見聞《けんぶん》は目新《めあたら》しいものばかりで、洋書を通して多少知識を持っていた諭吉も、実物を前にして感動の連続でした。「今度の航海は諭吉が机上《きじょう》の学問を実《じつ》にしたるものにして、畢生《ひっせい》（生涯）の利益これより大なるはなし」と、このときの感動を語っています。

諭吉はこの航海によって人に知られ、幕府の外国方《がいこくかた》（現在の外務省に該当《がいとう》する官職）に雇《やと》われることとなります。その後も二度欧米に赴《おもむ》き、多くの見聞を得、書物を持ち帰り、それを後進の教育に充《あ》てました。諭吉が教えるその塾が慶應義塾《けいおうぎじゅく》となるのです。

諭吉は塾生に対し、学問を続けることが国家のためになると伝え、「気品の泉源《せんげん》、智徳《ちとく》の模範《もはん》」たらんことを求めました。塾の財政が苦しくてもやりくりをして、どのような身分の者でも学問をすべきだと提唱《ていしょう》したのです。

やがて明治維新が起こり、わが国は近代化の道をさらに進むこととなりますが、諭吉はその中で多くの人々を感化し、ベストセラーとなった『学問のすゝめ《す》』をはじめとする著作、日刊紙「時事新報」の創刊、東京海上、明治生命、横浜正金銀行の設立など、財界、政界、教育界のあらゆる分野に影響を与えました。

福沢諭吉の言葉は、日本国民に対して、厳しいながらも温かい叱咤《しった》激励であり、当時だけでなく現在のわれわれにも新鮮で力強く響くのです。

【偉人をしのぶ言葉】

「『天は人の上に人を造らず人の下に人を造らず』と言へ《え》り。（中略）賢人と愚人《ぐじん》との別は、学ぶと学ばざるとに由《よ》つ《っ》て出来るものなり。（中略）一科一学も実事を押へ《え》、その事に就《つ》きその物に従ひ《い》、近く物事の道理を求めて今日の用を達すべきなり。右は人間普通の実学にて、人たる者は貴賤《きせん》上下の区別無く皆悉《ことごと》くたしなむべき心得《こころえ》なれば、この心得ありて後に士農工商おのおのその分を尽し銘銘《めいめい》の家業を営み、身も独立し家も独立し天下国家も独立すべきなり」

（福沢諭吉著『学問のすゝめ』）

〈参考文献〉

福沢諭吉・小幡篤次郎著『学問のすゝめ』明治五（一八七二）年刊／福沢諭吉著・会田倉吉校注『福翁自伝』旺文社／小泉信三著『福沢諭吉』岩波新書／北康利著『福沢諭吉　国を支えて国を頼らず』講談社

明治維新の隠れた立役者

50 勝 海舟

かつ・かいしゅう／一八二三〜一八九九／東京都生まれ

◇貧乏旗本が一躍政治の表舞台に

嘉永《かえい》六年（一八五三）のペリー来寇《らいこう》を期に二百五十年続いた徳川の幕藩《ばくはん》体制が大きく揺《ゆ》らぎ始めます。このペリー来寇から明治維新（一八六八）までの十五年間は、アメリカ、イギリス、フランスなどの西洋列強が軍事力をもって日本に開国を迫り、それを機に二百五十年続いた徳川幕府が崩壊《ほうかい》して明治日本という新しい近代国家が誕生するという、まさに大きな動乱の時代でした。

明治維新の中心人物として西郷隆盛《さいごうたかもり》や大久保利通《おおくぼとしみち》などがよく挙げられますが、滅びゆく幕府の中にあって、新たな近代国家日本の成立に尽くしたもう一方の立役者が勝海舟です。

海舟は文政《ぶんせい》六年（一八二三）に、旗本の勝小吉《かつこきち》の長男として江戸に生まれました。勝家は旗本《はたもと》とはいえ身分が低く禄《ろく》も少なく、幕府の重要な役職に就《つ》く見込みは全《まった》くなく、実際に父小吉は無役《むやく》でした。

「おれが子供の時には非常に貧乏で、ある年の暮れなどには何処《いずこ》にも松飾りの用意などして居《い》るのに己《おれ》の家では餅《もち》を搗《つ》く銭がなかつ《っ》た」（『氷川清話《ひかわせいわ》』）というほど極貧《ごくひん》の中に海舟は育ちました。

幼い頃から剣術や禅《ぜん》の修行に励み、二十過ぎからは蘭学《らんがく》（オランダ語によって西洋の学術を研究しようとした学問）を熱心に学びます。蘭学は西洋の兵学を学ぶために志したものでした。しかし高価な辞書を買うことができなかったため、五十八巻という大冊《たいさつ》の日蘭《にちらん》辞書『ズーフハルマ』（当時六十両という高額なもの）を借り出し、一年がかりで筆写本を二部作り、一部を売って借りた辞書の賃料を支払いました。この筆写本は今でも勝家に保存されています。

この貧しい旗本が一躍《いちやく》政治の表舞台に立つ契機《けいき》となったのがペリー艦隊の来寇でした。これ以前に西洋列強はインドおよび東南アジアに進出、その大半を植民地とし、強大であった清《しん》国でさえもアヘン戦争での敗北を機に領土の一部を列国に譲り渡すなど、往年の中華帝国の輝きを失っていました。

ペリー来寇に際して海舟は「海防《かいぼう》意見書」を幕府に提出、幕府閣僚《かくりょう》の注目するところとなります。時に海舟三十歳。幕府はようやく外交や国防の体制を整える必要に迫られ、海舟など有能な人材を身分にかかわらず登用するようになったのです。

海舟は安政二年（一八五五）、幕府海軍をつくるための人材の訓練を命じられ、五年にわたる長崎での訓練の指揮を執《と》るなどして、幕府海軍の第一人者となります。万延《まんえん》元年（一八六〇）には、オランダから購入した咸臨丸《かんりんまる》に乗り組み、アメリカへの渡航を成し遂《と》げます。日本人の操船による初めての太平洋横断でした。

このアメリカ渡航を通じて、海舟は西洋の進んだ技術や社会制度に接し、新しい近代国家日本を建設する必要を痛感することになります。坂本龍馬《さかもとりょうま》が海舟の弟子となり薫陶《くんとう》を受けたのもこの頃のことです。

◇「公《おおやけ》」とは何か

この間、天下の情勢は、開国か、攘夷《じょうい》か、勤皇《きんのう》か、佐幕《さばく》かと、さまざまな考えが入り乱れ、流血の騒ぎが繰り広げられました。最終的には徳川幕府と薩摩《さつま》、長州とが激しく対立することとなります。慶応《けいおう》三年（一八六七）、将軍徳川慶喜《とくがわよしのぶ》は有力な大名との連合政権を目指して朝廷に大政を奉還《ほうかん》すると、一方の薩長側は幕府打倒を目指し、朝廷が政治を行う王《おう》政復古《せいふっこ》のクーデターを敢行《かんこう》、両者はついに鳥羽伏見《とばふしみ》で衝突します。

この戦いで幕府軍は薩長軍に敗れ、慶喜は賊軍《ぞくぐん》の汚名を負って江戸へ逃げ帰り、上野寛《かん》永寺《えいじ》に蟄居謹慎《ちっきょきんしん》しました。そこに、薩長は幕府討伐《とうばつ》のための官軍を組織して江戸に迫ります。

このとき、実質上幕府の全権を任されたのが海舟でした。江戸を攻めようとする薩長軍にあくまでも抗戦《こうせん》で臨めば、江戸が火の海になることは避けられません。幕府と江戸の命運は、海舟一人の肩に担われることになったのです。

海舟は早い時期から海外の情勢に敏感で、海軍訓練や咸臨丸での渡米の経験から、開国して軍事力を強化し、西洋の進んだ知識、技術を積極的に採り入れて国を強くする以外に日本が生きる道はないと考えていました。

また、幕府と藩に所属する誰もが、幕府と藩こそが「公《おおやけ》」と考えていた時代に、幕臣の海舟は、「公」とはあくまで日本の国家そのものであり、幕府も「私《わたくし》」、倒幕を目指す薩長の戦いもまた「私闘《しとう》」であるとの信念を持っていたのです。この「私闘」により日本が内戦状態となれば、直ちに西洋列強の介入《かいにゅう》を招き、日本は清国の二の舞《まい》になって滅びる。これが海舟の抱いた強い危機感でした。

江戸に進攻してくる官軍を前に、海舟が目指したのは、講和を結んで江戸城を平穏に引き渡し、江戸を戦火から守って外国勢力の介入を阻止することでした。しかし、幕府内部は主戦派が大半を占め、断固抗戦を叫ぶ者、反乱や暴発を企てて脱走する者などが数知れず、海舟は孤立した中で幕府を率いていくという、苦しく難しい立場に置かれました。海舟を斬《き》ろうとする者が家に押し掛《か》けたり、暴発しようとする幕臣たちを説得している最中《さなか》に従者《じゅうしゃ》が殺されるなど、「今日の愁苦《しゅうく》いづ《ず》れにか告げ誰にか訴へ《え》む」（この悩みをどこに告げ誰に訴えようか）というありさまだったのです。

後年、彼はこの頃の心境を「広い天下に俺に賛成するものは一人もなかつ《っ》たけれども、おれは常に世の中には道といふ《う》ものがあると思つ《っ》て楽しんでゐ《い》た。おれはただ行ふ《う》べきことを行は《お》うと大決心をして、自分で自分を殺すやう《よ》な事さへ《え》なければそれで良いと確信して居たのサ」（『氷川清話』）と語っています。

◇幕府と江戸の命運を一身に担う

この情勢の中、海舟は、官軍の総指揮を執る薩摩の西郷隆盛との交渉に臨みます。戦争になるのか、戦争は避けられるのか。その鍵は、海舟と西郷の二人に握られました。海舟にとっては、幕府の崩壊を覚悟しながらも、近代国家日本をつくるために捨て身で臨んだ、史上稀《まれ》に見る政治交渉だったのです。

海舟はまず、いまだに圧倒的優位を保っている幕府海軍による反攻作戦を準備して官軍側に脅《おど》しをかけ、次に薩長の後ろ盾《だて》であった英国公使パークスに談判《だんぱん》して、江戸の戦火と内戦がいかに今後の通商交易の妨《さまた》げになるかを説き、パークスに江戸総攻撃に反対するという意思表明をさせます。

さらに、新門辰五郎《しんもんたつごろう》などの江戸の親分連中を組織して官軍に対抗するゲリラ戦の準備を進め、また自らの私財で数多くの漁船を雇《やと》い、江戸市民を戦火から退避させる段取りまで整えました。

打てる策はすべて打ち、準備を尽くした上で、海舟は西郷との会談に臨んだのでした。それはけっして敗軍の将の講和交渉ではなく、幕府でも朝廷でもない「公《おおやけ》」のため、そして新しい近代国家のために、渾身《こんしん》の力をふるい、智謀《ちぼう》の限りを尽くした海舟の戦いだったのです。

一方の西郷も大局《たいきょく》的な見地に立って、海舟の望んだ講和条件をすべて受け入れました。こうして、江戸総攻撃は中止され、江戸城の無血開城が決まったのです。

この後、戊辰《ぼしん》戦争といわれる局地的な戦いが展開されるものの、日本を二分する内戦には至らず、明治維新が成立しました。

海舟は明治維新後、伯爵《はくしゃく》に叙《じょ》せられ、枢密顧問官《すうみつこもんかん》という新政府の高官にも任ぜられ、七十七歳の長寿を全《まっと》うしました。この間海舟が、明治日本の統合のために、旧幕臣たちの生活を扶《たす》けながら、各地に勃発《ぼっぱつ》した士族《しぞく》の反乱に彼らが参加せぬよう統制に腐心《ふしん》したことはあまり知られていません。海舟こそ明治維新を陰で支え続けた一方の立役者だったのです。

【偉人をしのぶ言葉】

「勝氏へはじめて面会仕《つかまつ》り候《そうろう》ところ、実に驚き入り候人物にて、最初は打叩《たた》くつもりにて差越し候ところ、とんと頭を下げ申し候。どれだけ智慧《ちえ》のあるやら知れぬ塩梅《あんばい》に見受け候」

（西郷隆盛の大久保利通宛書簡）

〈語注〉塩梅──具合

〈参考文献〉

江藤淳著『海舟余波　我が読史余滴』文春文庫／江藤淳・松浦玲編『氷川清話』講談社学術文庫／松浦玲著『勝海舟　維新前夜の群像3』中公新書／大佛次郎著『天皇の世紀　7〜10』文春文庫

❖執筆協力者一覧❖（五十音順）

青山直幸	東京都在住	（昭和 24 年生）
安藤洋志	福岡県在住	（昭和 31 年生）
伊佐　裕	東京都在住	（昭和 25 年生）
稲津利比古	神奈川県在住	（昭和 19 年生）
奥冨修一	埼玉県在住	（昭和 21 年生）
大日方学	神奈川県在住	（昭和 39 年生）
神谷正一	岐阜県在住	（昭和 34 年生）
北浜　道	神奈川県在住	（昭和 37 年生）
国武忠彦	神奈川県在住	（昭和 13 年生）
久米秀俊	兵庫県在住	（昭和 32 年生）
小林国平	福岡県在住	（昭和 53 年生）
小柳志乃夫	東京都在住	（昭和 30 年生）
坂口秀俊	福岡県在住	（昭和 26 年生）
志賀建一郎	福岡県在住	（昭和 22 年生）
白濱　裕	熊本県在住	（昭和 27 年生）
住吉　優	神奈川県在住	（昭和 52 年生）
武田有朋	東京都在住	（昭和 56 年生）
長澤一成	福岡県在住	（昭和 31 年生）
奈良崎修二	神奈川県在住	（昭和 31 年生）
原川猛雄	神奈川県在住	（昭和 22 年生）
山内健生	神奈川県在住	（昭和 19 年生）
吉村浩之	熊本県在住	（昭和 36 年生）
有村浩明	鹿児島県在住	（昭和 38 年生）
飯島隆史	埼玉県在住	（昭和 28 年生）
磯貝保博	東京都在住	（昭和 19 年生）
今林賢郁	東京都在住	（昭和 18 年生）
小野吉宣	福岡県在住	（昭和 22 年生）
上村和男	埼玉県在住	（昭和 7 年生）
岸本　弘	富山県在住	（昭和 20 年生）
日下部晃志	福岡県在住	（昭和 51 年生）
久保田寿子	熊本県在住	（昭和 46 年生）
小林礼子	福岡県在住	（昭和 58 年生）
小柳左門	宮崎県在住	（昭和 23 年生）
小柳雄平	東京都在住	（昭和 56 年生）
澤部壽孫	千葉県在住	（昭和 16 年生）
清水昭比古	福岡県在住	（昭和 24 年生）
須田清文	秋田県在住	（昭和 30 年生）
宝辺矢太郎	山口県在住	（昭和 28 年生）
藤　寛明	福岡県在住	（昭和 29 年生）
中島繁樹	福岡県在住	（昭和 22 年生）
名和長泰	佐賀県在住	（昭和 28 年生）
藤新成信	福岡県在住	（昭和 35 年生）
與島誠央	福岡県在住	（昭和 37 年生）

❖編 著 者❖

株式会社 寺子屋モデル

〒812-0013　福岡市博多区博多駅東 2-5-28　博多偕成ビル 8F

TEL 092（411）3055　　HP http://www.terakoya-model.co.jp

企業向け、幼稚園向けなど、大人にも子供にも偉人伝を語る寺子屋講演事業を展開。

「寺子屋の先生」養成講座では、全国各地に認定講師を輩出中。機関誌「寺子屋だより」を隔月発行。

出版事業として『日本人として生きる　――道徳の教科書』、『我が家の家訓』、『公教育を補う実践』、『世の中に役立つものを誰よりも先に作りたい』他を刊行。

代表世話役社長　山《やま》口《ぐち》秀《ひで》範《のり》

昭和 23 年福岡市生まれ。早稲田大学卒。

海外勤務 15 年を経て、平成 8 年から教育再生に携わる。

現在、福岡中小企業経営者協会会長などを兼務。

著書に『伏してぞ止まん　ぼく、宮本警部です』（高木書房）、『殉職・宮本警部が伝えたかったこと』（中経出版）、共著に『名歌でたどる日本のこころ』（草思社）他がある。

世話役　講師頭　廣《ひろ》木《き》寧《やすし》

昭和 29 年福岡市生まれ。九州大学卒。

東京でのサラリーマン生活の後、進学塾に 20 余年勤務。

著書に『江藤淳氏の批評とアメリカ』（慧文社）、共著に『日本への回帰（第 47 集）』、『戦後世代からの発言』（以上、国民文化研究会）他がある。

日本の偉人100人（上）

平成二十四年七月三十一日第一刷発行

編著者　寺子屋モデル

発行者　藤尾　秀昭

発行所　致知出版社

〒150-0001東京都渋谷区神宮前四の二十四の九

TEL（〇三）三七九六—二一一一

印刷　㈱ディグ　製本　難波製本

落丁・乱丁はお取替え致します。（検印廃止）

ISBN978-4-88474-968-2 C0095
ホームページ　http://www.chichi.co.jp
Eメール　books@chichi.co.jp

『致知』には、繰り返し味わいたくなる感動がある。
繰り返し口ずさみたくなる言葉がある。

私が推薦します。

稲盛和夫 京セラ名誉会長
人の心に焦点をあてた編集方針を貫いておられる『致知』は際だっています。

鍵山秀三郎 イエローハット創業者
ひたすら美点凝視と真人発掘という高い志を貫いてきた『致知』に、心から声援を送ります。

北尾吉孝 SBIホールディングス社長
さまざまな雑誌を見ていても、「徳」ということを扱っている雑誌は『致知』だけかもしれません。学ぶことが多い雑誌だと思います。

中條高徳 アサヒビール名誉顧問
『致知』の読者は一種のプライドを持っている。これは創刊以来、創る人も読む人も汗を流して営々と築いてきたものである。

村上和雄 筑波大学名誉教授
『致知』は日本人の精神文化の向上に、これから益々大きな役割を演じていくと思っている。

渡部昇一 上智大学名誉教授
『致知』は修養によって、よりよい自己にしようという意志を持った人たちが読む雑誌である。